大A股小白生存指北

陈晓光・编著

中国财富出版社有限公司

图书在版编目（CIP）数据

大A股小白生存指北 / 陈晓光编著. —北京：中国财富出版社有限公司，2022. 6
ISBN 978-7-5047-7730-0

Ⅰ. ①大… Ⅱ. ①陈… Ⅲ. ①股票投资—中国 Ⅳ. ①F832.51

中国版本图书馆 CIP 数据核字（2022）第110048号

策划编辑 郑晓雯　　**责任编辑** 张红燕　郭　莹　　**版权编辑** 李　洋
责任印制 梁　凡　　**责任校对** 卓闪闪　　**责任发行** 董　倩

出版发行 中国财富出版社有限公司
社　　址 北京市丰台区南四环西路188号5区20楼　　**邮政编码** 100070
电　　话 010-52227588 转 2098（发行部）　　010-52227588 转 321（总编室）
010-52227566（24小时读者服务）　　010-52227588 转 305（质检部）
网　　址 http: //www. cfpress. com. cn　　**排　　版** 宝蕾元
经　　销 新华书店　　**印　　刷** 宝蕾元仁浩（天津）印刷有限公司
书　　号 ISBN 978-7-5047-7730-0 / F · 3481
开　　本 880mm × 1230mm　1/32　　**版　　次** 2022 年 11 月第 1 版
印　　张 6.75　　**印　　次** 2022 年 11 月第 1 次印刷
字　　数 94千字　　**定　　价** 52.00 元

序　言

这本书的诞生可以说是一个意外，我本人既非金融行业从业人员，也不是职业投资人。按常理说，我不应该不自量力地写这样一本关于A股投资的书，我在此之前也从未诞生过我应该写一本关于股票投资的书的“荒唐”念头。但“荒唐”的事，就像金融市场上偶尔发生的“黑天鹅”事件一样，就这么发生了。

几个月前，我在跟朋友闲聊时说到了这样一个非常有趣的现象，许多在专业领域有不错成就的精英一到股票市场就失去了往常敏锐的判断力，会做出一些令人哭笑不得的举动，例如注册会计师买股票时从不看财报却只听财经大V的推荐，高级工程师只听信各种所谓的“内幕”进行交易等。在其他领域建立起来的科学认知观，到了股票市场一下子就消失了。失去了理性，人就更容易随波逐流，交易行为也会比较随意，那么，亏损就如同命中注定一样，躲也躲不开了。这种到了股市就失去理智的现象，我称为“情景式失智”。

这种现象也好理解，一些人有投资的意愿并且已经在做投资了，但是对于股票投资的认知几乎为零。对于未知的东西，人总是自然而然地会往复杂的方面去想，而股票本身涉及的领域很广，可以说上知天文下知地理都不一定能做好股票投资，所以有人把股票投资看得很玄乎也就“合情合理”了。既然股票投资如此复杂，那么人就会本能地选择一些简单化的、绝对化的方式来进行投资，比如相信每只股票都有庄家等。

我国发展到现在这个阶段，人们基本的物质需求和一些精神需求被满足以后，对投资就有了切实的需求——寻求资产增值或者跑赢通胀。普通人的投资渠道有限，股票市场基本上就成了大部分人的选择。既然股市如此复杂，那么就会有很多谨慎的人选择投资各种基金，特别是偏股型基金。这个时候问题就从“我不懂股票投资但我下场了”变成了“我不懂股票投资但我找专业的代理人下场了”。看似好像是将专业的事交给专业的人去做了，但实际上，投资这种事情，影响收益的决策权还在自己手里。即使是投资基金，很多人依然会追涨杀跌，不明白如何选择适合自己的基金。不理解基金收益波动的原因，那么就容易做出错误的选择。因此，要想做股票投资、基金投资，就必须有正确的认知。如果有投资意愿，但缺乏足够的认知，买入一些股票和基金，那么常常会事与愿违。

在投资这件事上，我也曾处在类似的阶段，只有投资意愿，没有正确的投资常识，所以我理解他们的想法。光有投资意愿、没有投资常识的话，梦想是照不进现实的。所以在那个阶段之后的几年时间里，我尝试了各种股票投资方式，积累了足够多的亏损经验，终于慢慢摸索出了一个适合自己的投资体系。这样一段从股市小白到能在股市中生存的投资者的经历，于我而言弥足珍贵，于是有了这本书，它记录了我走过的弯路，也总结了一些可以在股市中立足的方法。资质平庸如我，尚且可以凭借这些方法继续我的投资路，相信大多数新手投资者在阅读完这本书以后也可以从容地在股市中生存下来，并且取得不错的收益。

全书内容分为五章。第一章讲股票投资前的心理准备和一些投资常识，内容虽然简单，但里面提到的一些关于预期的问题是每个初入股市的投资者都不应该回避的，因为投资观的建立从预期开始。这一章的内容可以引发投资者对于投资的一些根本性问题进行思考，这正是本章的重要作用所在。第二章是一些股票投资亏损案例，据多位读过本书初稿的朋友评论，这里面很容易找到自己投资时的影子，读者可以此为鉴，避免踩坑。第三章到第五章是投资方法的具体展开说明，这三章的内容是遵循一定顺序的，简单总结就是“从求少败、求不败，到求胜、求大胜，再到求常胜、求久胜”。这三章是全书的核心内容，相信读者循序渐进地读后会有所收获。

投资路漫，道阻且长，行则将至。这句话送给每一位踏上股票投资之路的朋友。

目录

1

投资准备

投资是一件有风险的事情，但它不同于赌博，因为我们有非常多的手段来提高投资的胜率。投资有时候是概率问题，也可能是心态问题，还可能是运气问题。对于一个初入股市的投资者而言，首先应该做的事是了解股票投资的预期收益与盈利概率，简而言之就是建立对投资回报和投资风险的预期。本书主要讲述对 A 股股票投资的相关事项，大部分的内容放到其他证券市场同样适用。既然选择入股市投资，特别是进入 A 股这个好像对于新人不太友好的市场，那么对于 A 股就需要一些认知，抛开那些刻板印象，看看 A

股是不是真的适合自己参与。

1.1 投资预期

股票投资这件事的本质就是在负担一定风险的同时获取收益。有风险就意味着可能有亏损，那么亏损的程度是多少，能获取的收益是多少，获取收益所需要的时间有多长，这几个问题就好像哲学中的三大问题“我是谁，我从哪里来，要到哪里去”一般重要。这几个问题会在很大程度上影响投资者的心态和采取的投资策略。

估值小游戏

让我们抛开股票，来看一个小游戏：邻居阿婆的杂货铺值多少钱?

假设杂货铺去年的收入为10万元，毛利润为5万元，除去人员工资、房租、水电费等费用，净利润为

3 万元。那么这个杂货铺的价值是多少呢？

假设杂货铺在未来几年每年增加 30% 的营业额，在毛利润及其他费用不变的情况下，那么这个杂货铺的价值是多少呢？

如果杂货铺每三年需要投入 5 万元的翻新费用才能维持这个营业额，那么它又值多少？

如果因为新冠肺炎疫情的影响，杂货铺的毛利润下滑到了 1 万元，但疫情过后它的生意可能会恢复，那么它又值多少？

如果杂货铺里除了日常销售的货物，还有珍藏的十箱飞天茅台，那么它又值多少？

如果杂货铺每年都会把净利润的一半作为分红返还给股东，那么它又值多少？

如果附近新开一家杂货铺，那邻居阿婆的杂货铺值多少钱呢？

我想看到这里，你应该明白我的意思了。一个公司到底值多少我没有单一的可适用的估值模型，因为影响估值的因素很多，所以亏损的风险也很大……

我能挣多少

打算进入股市的新手投资者一般最关心的问题就是“我能挣多少”。资本可以产生收益，但收益的多少受投资的途径、风险等级、资金体量等因素影响。那么投入股市会有怎么样的收益率呢？在此之前我们先找一些日常借贷、投资事务作为参照。现在是 2021 年，以下未说明的都是指年利率。

收益率的参照

① 银行同业拆借隔夜利率约为 1.6440%；

② 银行活期存款利率约为 0.30%，3 年定期约为 2.75%；

③ 支付宝中余额宝等货币基金年化约为 2%；

④ LRP（贷款基础利率）一年约 3.85%；

⑤ 民间借贷一般一年一分利，即 10%；

⑥ 信用卡日万分之五，年利率约 18%；

⑦ 法律规定，高利贷为年利率超过 36%；

⑧ 华夏沪深 300ETF（交易型开放式指数基金）近 3 年的总收益是 44.60%；

⑨ 最近几年的明星基金经理蔡嵩松管理的诺安成长混合近 3 年的总收益率为 212.45%；

⑩ 贵州茅台近 10 年股价翻了大约 12 倍，近 20 年股价翻了大约 340 倍，不考虑股息分红等；

⑪ 年复合增长率 20% 保持 50 多年，市值增长约 2.7 万倍，那你就是沃伦·巴菲特。

收益率的反向参照

这个主要是看你在股市的收益率是否跑得过通胀，或者各项其他资产的平均收益。

① 2020 年我国 CPI（消费者物价指数）全年均值为 2.5%，2021 年为 0.9%；

② 2020 年我国 GDP（国内生产总值）增长率为 2.3%，2021 年为 8.1%。

大 A 股收益率的可行性分析

假设你只是在主板、中小板和创业板这些相对温和平稳的地方不加杠杆地操作，日涨跌停板分别为 10% 和 20%，根据板块不同。

A 股交易日一年约为 250 天；2018 年的暴风科技连续 28 天涨停。

理论上，你只要在创业板度过 50 多个交易日就能追平沃伦 · 巴菲特，当然，那只是在做梦，不然谁把钱放银行存起来呢?

现实一点，我到底能挣多少

在某些年份，你可以连续几年保持每年 50% 的收益率，但在有一些年份可能是 -50%，综合起来看，你可能发现自己一分钱没赚。

我想更合理的预期应该是与同期的沪深 300 做比较，近 3 年大 A 股总体平稳向上，预期应该在 3 年的总收益率为 40% 左右。当然，遇到某些年份，比如

2015年、2018年股份整体大跌时，不可能大家都亏就你一个人逆势狂涨。通常，更高的收益也就意味着更高的风险以及更大的收益波动。

有些投资者可能会觉得投资也没有那么困难，认为如果自己一早就看好茅台了，那么全仓买入茅台，近10年大约可以增长10倍，妥妥的股神。后视镜总是那么清晰，这10年茅台曾多次从高点滑落接近50%，你确定你不会提前退场吗？你能告诉我你的哪一只股票是敢全仓投入持有多年的？

我能接受亏多少

如果是我来回答这个问题，那么说实话，我内心深处最真实的想法是一点都不亏，但是由于我技术水平有限，总是能踩到各种坑。对于这个问题，你会如何回答呢？记住，说出来的答案并不重要，内心的想法才重要。

“股市有风险，入市需谨慎”，对于这句话，应该不陌生吧？所有的超额收益都伴随着巨大的风险。在投资中，所有的事情都可能带来额外的风险。

长期来看，股票的价格会围绕企业的内在价值波动；短期可能会受到各种因素的影响，且某些因素的影响程度甚至大大超过内在价值的影响，例如政策、资金流动性等因素的影响。个股的短期涨跌也非常容易受到大盘的影响，那么，我们先来看看作为整体参照物的大盘。

（1）2008 年，大盘从 2007 年的高点 6124.04 点俯冲到 1664.92 点，总体市值蒸发约 22 万亿元，投资者人均亏损约 13 万元。按照大盘看，跌了 70% 多。

（2）2015 年 6 月，大盘从高点 5178.19 点开始下跌，到 2015 年年底至 2016 年 1 月跌到 2638.30 点，市值蒸发逾 25 万亿元，投资者人均亏损约 51 万元。按照大盘看，跌了近 50%。

（3）2018 年，A 股跌约 24.59%，投资者人均亏损约 9 万元。

这是近十几年来最惨淡的 3 个年份，如果你恰好是在这几个年份进行投资，那么必然很难躲过巨额亏损。这种情况是你可以接受的吗？

获取收益需要的时间

股市如此惨烈，那到底还应不应该入市呢？这里就涉及获取收益所需要的时间问题了。

（1）过去十几年，除了以上说的这 3 年，其他时间看上去股票投资的收益还可以。

（2）个股或者板块涨势不错的有很多。

（3）即使算上这 3 年，你常常听到的那些知名 A 股上市公司，从长期来看依然是收益非常不错的投资标的。

我们可以看到，如果坚持投资，即使一开始就遇到市场非常糟糕的局面或者在投资的中途遇到非常糟糕的年份，较长时间的总体收益也仍然可观。所以获取收益需要足够的耐心，短期内的盈利或者亏损不代表长期结果。就像市场上对于基金经理的评价通常需要看至少5年的业绩才能对其管理投资水平有相对公正的评价。厉害如沃伦·巴菲特在长达3年的投资周期内取得了总收益为负的成绩，但这并不影响他几十年的总体收益成绩。

加不加杠杆

有了大致的收益和亏损以及获取收益所需时间的预期以后，一些投资者可能会产生这样一种想法：获取收益的速度太慢了，想要暴富是不是得加杠杆？看完上一部分关于亏损的预期后，你确定在这种亏损的可能性下还要加杠杆吗？

本金太少怎么办

有人会问："我的本金太少了，现在只有2万元，即使我跟股神一样，年复合收益率是20%，20年后我依旧只有80万元，买房遥遥无期啊……"这又回到了关于收益预期的问题上，如果你指望用这2万元本金投资股票实现买房买车甚至达到财务自由的梦想，那么我觉得可能把这 2 万元拿去买彩票还有一丝可能。

缺少资金该上杠杆吗

不管是贷款也好，融资也罢，我的看法是：任何时间都不要加杠杆！投资本身就是长期的事情，过程中可能需要扛住多次不小的股价波动，加了杠杆也就意味着波动进一步加大，更加考验投资者的心态。更别说贷款总有时限，融资会有平仓。假设你的投资组合刚好在贷款到期日是亏损的，你该如何处理呢？

资深的投资者可能有胜率很高的套利方法需要加杠杆来放大收益，那么你可以忽视我的忠告。但是任何时间都请记得：风险，风险，风险。

沃伦·巴菲特的黄金搭档查理·芒格也曾因为保证金交易而陷入麻烦，因此资深的投资者在加杠杆时应当量力而行。对于新手投资者来说，请直接忽略这些杠杆工具，它们能带给你的益处远远小于会带给你的麻烦。

不加杠杆，还有别的方法吗

一定的本金只能匹配一定的收益，如果想要获得更多收益，那么在投资的时候可以考虑从收入中划拨出一部分，每月投入股市中。买基金可以定投，买股票也可以参考类似的方法。

很多时候投资者并不会满仓投入股市，而是会持有一定比例的现金等待合适的投资机会出现。从这个角度看，明智的投资者会从综合的风险收益角度考虑不在所有的时间全仓，那你为什么要用本金以外的资金呢？资金利用率不一定和收益正相关，但杠杆比例一定与风险正相关。

实际上投资一直是一件长期的事情，如果持续投资的时间足够长，也可能带来巨额的收益。很多人过于看重短期的得失，而低估了长期的可能的收益。

预期与投资理念相匹配

前面说的内容大部分是对整个市场的收益和亏损的预期，个人投资者对于自身投资行为带来的结果的预期可能天差地别，但总体上是处在前面说的预期范围内的。实际上，统计数据显示，个人投资者的收益情况基本呈两端小、中间大的正态分布。

不管是哪一种预期，投资中的策略都需要与预期相匹配，切记不要忘了投资的初心——预期。股市上有很多散户，明明最初对于收益的期待仅仅是年化利率从10%到20%，对于可接受的亏损程度更是小到一个非常谨慎的区间，但采取的投资方式往往是异常凶悍的追涨停板、跌停搏反弹、买入概念股等可能会获得高收益但同时也有高风险的方式。

就像前面说过的，对于投资收益、亏损、获得收益时间的预期，就是股票投资的三大问题，想明白了这几个问题，那么投资中最根本的核心也就把握住了。

仿佛武侠小说中的内功心法一般，这几个问题是柱石，其他的投资策略、方法等都只是招式。心法稳固了，那么也就不会什么一鳞半爪的招式都想学一下、用一下，而是只会考虑适合自身心法的招式。并且在投资的过程中，你可能会有更多的感悟，这些感悟会融入你的心法中，对于打磨你的招式、技巧有很大的帮助。更上乘的招式一般都是改良而来的，并非凭空臆想出来的。

上述的比喻可能不是十分恰当，但其所蕴含的道理“抓住核心，守住本心”是非常重要的。

1.2 A股祛魅

当一个国家处在快速发展期的时候，伴随着生产力的上升，通胀是不可避免的。而我国从 20 世纪 90 年代开始已经保持高速发展几十年了，国内的投资者最基本的期望就是跑赢通胀，让手里的现金能够不随着时间的流逝而贬值。在国内能够称得上是全民投资工具的大概也就只有房产和股票了，然而A股的诸多负面消息总是会让还没有进场或者进场不久的投资者感到困惑："大A股真的是一个赌场吗？"

下面这些奇葩的事件都曾真实地在A股市场上演：

"扇贝跑了第二季"；

乐视财务奇迹；

卖企鹅"保壳"；

游资控制小盘股股价；

老鼠仓；

内幕交易；

上市前财务造假，IPO结束就财务"大洗澡"；

……

没有接触过A股的，或者仅仅短暂投资过美股、港股的投资者，可能对A股有一个刻板印象：这不是一个专业的股票市场，更像是个赌场。很多即使有足够的商业、经济方面知识的人，也有可能在媒体的各种博眼球的标题下，对A股有先天的偏见。

下面让我们来逐个谈谈外界对于A股的一些刻板

印象吧。

10 年不涨的上证指数

上证指数花了 2 年时间终于在 2010 年爬出了 2008 年那次大跌的谷底，来到 2010 年 3 月的 3300 点附近，2021 年的 7 月底在 3397 点附近。

2010—2020 年，我国 GDP 高速增长，然而作为国内公司中的佼佼者们，在主板上市的所有公司的综合指数——上证指数却原地踏步，这一现象非常令人费解。为什么这样一个看似没有任何增长的股票市场仍旧能吸引那么多散户和专业的投资机构常年参与呢？

上证指数之所以 10 年几乎未有寸进，跟指数的编制方式有一定的关系，上证指数即上海证券综合指数，样本几乎包含了全部上海证券交易所上市公司的股票。大部分证券市场的综合指数的编制方式也类似。造成上证指数 10 年不涨的根本原因还在于有太多“带不动的猪队友”。许多上市以后发展落后、经营不善的公司仍旧在给上证指数拖后腿，这是上证指数上升困难的主要原因。

A 股的退市制度还有待完善。强制退市的公司仅有 80 余家，而同期年均 IPO（首次公开发行股票）的公司数量为 150 余家，约为退市企业数的 2 倍。同时，上市核准制导致上市过程非常困难，这使得一些僵尸企业仅剩的“壳”变得稀有，保“壳”的动机会让一些公司的退市过程拖得更久。

资本市场大量的长尾质次公司的存在会对整体的流动性造成挤压。美股的退市制度比 A 股的制度更完善，2001 年至 2015 年间，纽约证券交易所（简称纽交所）有 1926 家公司退市，仅有 24 家公司上市；同期，纳斯达克证券交易所共有 4541 家公司退市，上市公司数量从 3679 家下降至 2859 家。①

2010—2020 年，纽交所综合指数增长了约 100%，

① 孙金钜，任浪，丁旺 . 退市新规与注册制：理性市场驱动下的正反馈 [J]. 开源证券，2021：1–5.

同期纳斯达克综合指数增长了400%多。可以说这两个证券交易所的综合指数的增长离不开上市公司的“新陈代谢”，即淘汰落后公司、吸收优质公司。

那么退市不多的市场就不健康吗？来看看港股的处理思路——完全交给市场。港股近20年强制退市的只有约120家公司，跟A股情况类似。但是市值处于后10%分位的公司市值合计只有约144亿港元，年成交总额仅占整个港股市场的万分之五。用资金投票，由市场决定。

A股也在逐步完善。近年来，国内证券市场新规不断，从成熟的资本市场借鉴了不少经验。不过越是大的变化越需要谨慎，所以新生的科创板变成了A股的试验田。注册制，允许企业采取双重股权结构，盈利要求放宽，退市规则更严格，这些都是科创板从设立起就不同于其他板块的特点。在充分试验后相信会将其中一部分合适的规则慢慢推广至其他板块。比如，注册制、20%的“大长腿”也来到了创业板。

慢慢地，当“壳”不再值钱时，卖企鹅“保壳”

的公司也就很难保住仅有的“壳”了，届时针对这些“壳”的炒作就会越来越少。

散户多，市场情绪化

大A股散户确实多，不仅人多，还钱多。2020年，A股散户持股市值占比约为22%，流通市值占比约为52%，而美股散户市值占比仅有6%左右。同时，A股散户贡献了超过80%的交易额，换手频率大大超过机构投资者，其中75%的散户投资者（账户余额在10万元以下）年均亏损2000元。

美股散户持股比例下降、机构持股比例上升的局面持续了几十年，总体上随着散户持股比例的下降，市场上的波动有所平缓，投资更趋于理性。当然，这只是推断出来的结论，数据本身也是具有欺骗性的，选取部分年份的数据得出的结论可能并不能反映真实的情况，因为忽略了很多其他复杂的因素。有调查报告得出这样的结论：资产规模越小，非理性水平越显著，亏损的可能性也就越大。以小博大是很多散户亏损的心理原因。

那么相比散户而言，机构投资者真的理性吗？2018 年至 2021 年机构鼓吹核心资产，后来却争相割肉跑路换新能源相关股票的故事还历历在目。就像本杰明·格雷厄姆比喻的那样，市场先生的情绪很不稳定，一直如是。

市场的情绪化带来风险的同时也带来机遇。投资者的收益主要来自市场上不合理的定价。优质公司的股份被低估时是买入的机会，劣质公司的股份被高估时是逃离的机会。

当你买入一只股票后，你觉得公司的股价可能被严重低估了，但是你判断不了市场的情绪化程度，情绪化程度越高，你持股的信心就越强。当你认为市盈率 5 倍，市净率不到 1 倍，净利润还保持逐年增长的公司已经足够便宜的时候，市场会告诉你，还可以更便宜。情绪化的市场下，股票不断被抛售，这样的公司的股价甚至可以继续下跌到市值仅仅是净利润的 2

倍，并不是说你买入的时候不便宜，只是你难以估计市场会给出多么让人意外的价格。

当你买入股票时的判断出了错误，市场仍可能给你逃离的机会，甚至在这个过程中你还会有不小的盈利。追逐这样的盈利机会，需要做好充足的准备，防止受到重创。

骗子横行，庄家遍地

大A股中，1.8亿位投资者持有30万亿元市值的流通股，七成以上的人年均亏损2000元，可谓“人傻钱多”。有很多人、很多钱的地方自然少不了盯着这些人和钱的“猎手”。

博主“股神”

如果你上微博，会发现最常见的广告有以下三种：植发、补牙、荐股。财经博主各显神通，广招“信徒”。

这些博主“股神”，动不动就是“秒天秒地”的收益率，能够股灾逃顶，底部抄入，X 年翻 Y 倍等，有讲超短线做 T 的，有讲趋势的，有讲主题的，有讲价值投资的，更有甚者还创造各种名词，什么“红柱金叉”，什么“龙头战法”，不一而足。

妖股迭出

A 股有一些流通市值较小、股权比较分散的股票，容易成为短线投资的目标。这样的股票可以利用资金优势，随意控制涨跌，一般这样的股票股价趋势“波澜壮阔”。散户往往经不住诱惑，再加上总会有幸存者在那里讲暴富的故事，导致散户源源不断地买入此类股票。

理智的投资者应该远离这种没有内在价值的股票，但即使意识到了风险，仍然选择冒险的投资者亦不在少数。根据一份散户跟踪报告，学历高、风险偏好也高的投资者往往会追求高收益的投资。简单地说，就是这部分人觉得自己聪明且有一定的资本可以承担相对较大的损失，从而铤而走险，选择一些风险系数较高的投资方式。他们非常自信，但亏损也是难以避免的。毕竟散户亏损十有八九，但每个人都相信自己会是那盈利的小部分人之一。

“财技惊人”

总会有“艺高人胆大”的公司管理层会选用一些惊人的财务技巧来掩盖公司的经营问题，或者是为了维护公司声誉来渡过暂时的难关，或者是为了攫取巨额的利益，或者有其他不可告人的目的。你不能单单指望审计公司来发现这些“合规”的作弊，毕竟审计公司本身就与上市公司之间存在雇佣关系。

作为投资者，你可以不精通财务报表，但必须要看懂大部分基础的内容。如果财务报表的问题没有合理的解释，那么就要远离这样的股票。

有利益的地方就可能有陷阱，识别这些陷阱是投资者的责任，不能仅指望市场的监管，法规总有滞后的地方，投资者需要对自己的资金负责，对自己的投资选择负责。

印象四

做空能赚大钱

投资股票时做空有积极的意义，但也有一定的危害性。在规则完善的市场上，做空可以让投资者在下跌中获利，也能一定程度上防止庄家操纵股价。但是一般情况下，恶意的做空会让投资者蒙受不必要的损失。

在A股做空，对于个人投资者来说门槛较高，限制较多，而且不是每一只股票都可以做空。持有股票然后卖出本身也是看空股票的一种形式，股票交易都有对手，有人看多买入就会有人看空卖出，这本身也是一种多、空的动态平衡。

我比较喜欢沃伦·巴菲特的观点——不要做空。在伯克希尔·哈撒韦公司2001年的股东大会上，他说过：

这是个有趣的值得探讨的问题，许多人被做空毁灭，做空会让你破产。

你会看到许多股票的价格远远超过其内在价值，股价是内在价值 5~10 倍的现象很普遍，但很少看到股价是内在价值 10%~20% 的情况。所以，你可能认为做空很容易，但实际上不是。

股票价格之所以常常被高估，是因为背后有推动的力量。他们常常可以利用高估的股价来提升价值。例如，股票的内在价值为 10 美元，但交易价格是 100 美元，他们可能会把内在价值提升到 50 美元，然后，华尔街会说："看，我们创造了价值！"这个游戏会继续下去，在这个游戏终结之前，作为做空者，你可能已经把钱耗光了。

长期做多更容易赚钱，你不可能通过做空赚大钱，因为巨大损失的风险意味着你不能下重注。

对于投资小白来说，不管是融券做空，还是买入看跌期权、卖出看涨期权，这些做空方式都比较复杂，且风险巨大，稍有不慎就会有巨大的亏损。

永远不要怀疑市场的情绪化，你看空一家公司，可是市场的泡沫有可能推动股价上升使你在持有看空工具时爆仓。

在 A 股投资，简单地买入并持有，在不看好时卖出，反而更加适合普通投资者的操作。

中国的好公司都跑别处上市了

大的科技巨头，如腾讯、阿里巴巴、百度、京东，近几年的科技新贵美团、拼多多等诸多增长迅猛、质地优良的公司都没有选择在 A 股上市，是不是更好的投资机会并不在 A 股?

以上这些科技公司至少符合以下 2 个条件中的 1 个：上市时还处在亏损换规模阶段；多重股权结构。这 2 个条件代表了国内大部分互联网上市公司的特征。A 股对于收入和盈利的要求严苛，导致成长型的企业难以在A股上市。目前A股也在不断完善自身的规则，相信以后这类型企业也有可能在A股上市。

除了互联网巨头，国内还有许多好公司。互联网从业者或者普通的网民，往往对中国互联网公司三巨头（BAT）比较熟悉，其实A股中还有许多你不熟悉的好公司。

在国内，银行、保险、房地产、材料、医药、消费等行业排名前几位的公司都在A股上市，新兴领域的新能源汽车、电池、芯片、光伏、风电、生物医药等行业的代表公司也在A股上市。

投资时，不能只盯着互联网巨头，要在各行各业寻找合适的投资标的。放大视野，才能捕捉到更多投资机会。

看到这里，你还有兴趣考虑在A股投资的话，那么请继续阅读下一章“一万种亏损的姿势”，大部分是我用真金白银换来的经验。

会游泳的会更加自信地挑战困难，也才会有更大的风险溺水。浅显的道理大家都懂，但实际操作时会将最基本的认知抛之脑后。越是“聪明”的投资者，越容易义无反顾地踏入一些投资陷阱中。

在没有重大影响事件时，同一家公司前后2天的市值可以有几百亿元甚至上千亿元的变化，这合理吗？诸多因素的影响造成的波动会干扰你的理性判断，莫名下跌时会让你怀疑是不是真的发生了些什么，而一旦参与者群体产生这样的思维，就会反映到股价上，思维和股价的走势产生反复的共振，这就是索罗斯的“反身性”理论。前几年抱团买入茅台、平安、招行股票的投资者，2021年又抛弃这些“大白马”抱团买入新能源的股票，一定程度上也是这个理论的体现。

投资时需要时刻保持理性，要时刻警惕人性中感性的一面。

2

一万种亏损的姿势

本书的主旨是指导初入 A 股的小白如何在 A 股生存下去，即不要因为在股市持续亏损大量本金而失去继续投资下去的资金和信心。本章以讲故事的形式讲述了诸多投资者可能在股市中遇到的亏损情形，希望读者能从中吸取教训，避免踩坑。

2.1　操作篇

在散户中流传着这样一句话："万般皆下品，唯有短线高。"

每年收益 10%，本金需要 7 年多时间才能翻倍，而在大 A 股买入一只股票，最快你只需要持有 4 个交易日，且连续 4 天都是 20% 的涨停就能实现本金翻倍。

曾经有一个报告指出，一年约 250 个交易日中，你只要参与其中的 3 个最重要的交易日，就能遇到全年 90% 的涨幅或者跌幅。换句话说，长线持股是为了不错过这重要的 3 天；或者说，如果你能未卜先知，你只需要选中某一只股票的 3 天，就能获得等同于长线投资的收益。假如你不能未卜先知，如果你反复在几只股票之间横跳，也可以获得更高的收益。

很多投资者都遇到过这种情况，在持股过程中，高点没走成，看中的另一只股票却已经开始涨了，这时就会懊恼为什么不及时换股票。请问：你真的可以实现操作上的完美衔接吗？

接下来请看“非职业资深散户张三”的神级操作吧！

趋势小王子的各种死法

小试牛刀

第一日

“0轴上方MACD金叉，股价在底部震荡结束，应该会有大的反弹，果断买入！”张三开始了愉快的交易。

“再看一眼，股价在底部已经磨了很久，是抬升的时候了。K线的形态很好，应该有主力开始建仓了。肯定没有看错，先来个半仓。等主力给我抬轿子……”买入后股价翻红2个点。张三开始畅想财源滚滚来……

第二日

“低开5个点，没有什么交易量，主力是在诱空，加仓！加仓！”

“收盘绿2个点，我就说吗，主力就是吓吓人罢了。”

第三日跌，第四日跌，第五日跌……张三几乎要休克了。

再战长沙

“下次遇到这个形态，如果后面跟着一个带量的下跌，就果断跑，不能依靠单一指标，自己还是经验不足啊。”这成了张三的心得。

第一日，同前一次。

第二日，同前一次。

第三日，跌。“看，又是这个情况，这次果断走！”

第四日，大涨。“不会吧，一走就涨，明天低开就全仓杀进去。”

第五日，低开买入，收盘跌得更深了……

第六日跌，第七日跌，第八日跌……张三后悔不已。

越挫越勇

“熊市还得再看看市场盈亏指标（CYS）和顺势指标（CCI）。”

一顿操作下来，张三又是一番经验总结，技术指标研究……

这种简单归纳的经验是片面的。

搭顺风车

张三带着新的理念和新的方法回来了。

“市场我研究不了，那么我就研究游资队伍。摸透他们的操盘规律，然后他们吃肉我跟着喝汤。”张三打起了搭顺风车的主意。张三盯紧龙虎榜上主要交易席位的名字，研究他们之前操作过的股票，何时进场、何时退场，中间过程如何，张三觉得胜利在望。

某日，某股票的龙虎榜上出现了一个张三熟悉的名字，张三兴奋不已，第二天集合竞价时就早早买入，等待第一次人生巅峰。

第二日，涨停。张三志得意满：“还有至少 50%

的收益等着我呢。”

第三日，涨停。“有时候赚钱就是这么容易，跟着资金走就可以了。”

第四日，按照张三总结的结论，这家游资的风格是连涨三天吸引散户，然后再慢慢出货退场。那么今天应该还是涨停。然而，这一天一开盘就跌停，张三连出逃的机会都没有。收盘后，张三看了眼龙虎榜，并没有看到这家游资的席位有大量的出货，张三略微淡定了。“可能操作手法变了，如果一成不变，不就很容易被看穿吗，大可放心。”

第五日，跌停。张三慌了，可是这天他仍旧没有机会走，眼看着不仅赚不了钱，还被套了 2 个点。收盘后龙虎榜上出现了那个让张三熟悉又害怕的名字，这次这家游资提前撤离了。

第六日，继续大幅低开，张三忍痛割肉，及时止损。

然后接下去三天，连续 3 个涨停。

卧榻之侧岂容他人鼾睡。想要反过来从游资身上谋利的散户，还是要先掂量掂量这件事是否靠谱。估计连游资自己也不是按某个固定的套路进行操作的，而是走一步计划一步。

故事三

抄底总动员

股市不停业，张三不休息。已经有多次亏损经历的张三又回到A股跃跃欲试了。

某日，张三的挚友李四推荐给张三一只股票，说该股经过了几个月的盘整，股价终于跌透了，可以开始买入了。不过张三这次多了一个心眼儿，虽然李四是常年有小额盈利的老手，但也要谨慎，如果能比李四成本更低地买入，岂不美哉！

事情也发展得跟张三预计的一样顺利，又是一波下跌浪，股价来到张三满意的价位，“抄底，先买一部分”。接下去一周，股价震荡，总体还是在下跌。但每次到了某个价位就回升。张三觉得股价快触底了，就在震荡中逢低买入，成功将自己的平均持股成本降得更低了，当然仓位也更重了。

经典剧情出现了，上一周还在某个价位死磕的股票，这周直接跳空越过了那个价位，并且一路往下，抄底抄在了半山腰。张三此时还没有慌乱，老手岂是那么容易崩溃的，更何况还有李四呢。

上下震荡数月后，股价开始小幅回升。“V 形反弹这么快就要开始了吗？那现在肯定就是底部了，融资买入！”

经典剧情再现，股价哪里有底？你看到的都是腰。

张三追求的是趋势底，想在短期的波动中找到接近最低的股票价格。企业的内在价值尚且难以看清，又如何能看清受情绪和资金面影响更大的中短期波动的边界呢？

高抛低吸，做 T 之王

一日散户，终身 A 股。张三又带着他新进的资金雄赳赳地进场了。总结过去的经验，张三感慨万千，在多年的亏损中，唯一让张三有些小自豪的是，他觉得他做 T 的天赋不错，曾经多次凭借成功做 T 或少亏或盈利。张三心想：今后就放在超短线上吧，半仓轮动做 T，找一个常年股价就在一个位置上波动的、不容易出事的股票来回做 T 赚钱吧。

A 股三傻

这样的目标似乎很好找。在 A 股，有那么几只大盘股，股价缓缓地增长，流动资金情况良好，净资产很多，每年还有不错的股息，被人称为可以无脑买入的 A 股三傻。它们符合张三的需求，流动性好，不会有暴跌暴涨。张三选了其中一只开始执行自己的计划。

T对一半的尴尬

两个月下来，有一半时间张三做T操作成功了。另一半时间没有成功，张三认为不是自己功力不济，而是总会出现各种政策面的消息导致自己需要股价涨时反而只跌不涨，需要它跌时却总涨不跌。

尴尬的事情在于，翻开交割单一看，频繁交易产生的印花税加上佣金让张三的总资金损失了5%。这下两个月又白费了，张三心如死灰。这一次不是亏损带来的失意，而是找不到方向的茫然。

在长期涨跌难以看清的情况下，要预测短期涨跌就更困难了。短期关注的股票价格涨了或者跌了刚好符合自己的预期会让人产生一种我能看懂短期趋势的错觉，而几次成功的短期操作往往会加深这种印象，最终T来T去可能一无所获。如果这么简单就能赚钱，那A股就没有那么多亏损的股民了。

后视镜指导我前进

张三发扬着不屈不挠的精神又大踏步进场了。

事后诸葛亮

过去十年，如果你闭着眼睛买入腾讯、阿里巴巴、茅台、格力这些股票，可能你的收益就会大幅跑赢沪深 300 指数、跑赢绝大多数投资者。原因很简单，这些都是优秀的公司，都是保持高速增长的公司。

“在我漫长的投资生涯中，遇到一些新入场的小白时，我总是告诉他们，要有稳定的收益，却又不想冒太大风险，那就买茅台。我要追求更高的收益，所以不能买它。”然后这些小白一个个都赚得比张三多。

“这样看，我是不是做得过于复杂了？其实找一个这样稳定前进的股票挺好啊。”张三终于醒悟过来了。

你买我推荐，我买我不敢

张三又审视了下茅台，从高点2600跌回2000左右了。按照过去他推荐给小白们的情况，这是个极好的买入机会。

可是茅台、平安、招行、万科近期都在跌，是不是代表股价的这一轮上涨结束了呢？张三心里开始打鼓，为他人推荐时的那种自信荡然无存。

无脑买入

这个时候张三发现要找一只类似于茅台这样稳定增长的股票没有那么容易，他开始寻找合适的上市公司。

最终，还真让他找到了一家。未来定制家具行业的“准一哥”，过去三年的回报率都非常出色，行业本身也是高速增长的，不管是新房装修还是老房翻新，定制家具都变成了一种趋势。而且这家公司的市场份额还在慢慢上升中，标准的“行业在成长，公司也在成长”。那就无脑买入，做时间的朋友就好了。

什么样的因就会有什么样的果

无脑买入也就意味着缺乏了解。这只“准一哥”很快在市场的竞争下变成了老二、老三，毛利率也进一步被压缩。同时为了追求利益，公司降低了产品的品质，在客户口碑方面也败下阵来。两方面原因共同作用，股价不仅不会涨，连稳定也做不到了。张三再次割肉出局。

在没有评估风险只考虑收益时，投资者很容易一冲动就做出选择。要知道，没有哪一笔投资是可以无脑做出的。

2.2　心理篇

从开始投资之时，对于投资收益和风险的期望就在影响着我们的判断，股价短期的涨跌也同样牵动着我们的情绪。在股市里摸爬滚打多年的我，有时候也会忍不住怀疑：是不是我选的股票哪里出了问题，还是我看漏了什么，或是市场风格变了，还是大的股灾要开始了。多年积累的投资心得最终会让我内心恢复平静，但是在某个时间点，心绪还是会被短时间的股价左右。

有时候亏损源于技术，有时候亏损真的只是因为心态。新散户有新散户的情绪，老散户有老散户的情绪：前者可能冒进，后者则是会成为惊弓之鸟。

我们的资深散户张三也是这样一步步修炼过来的……

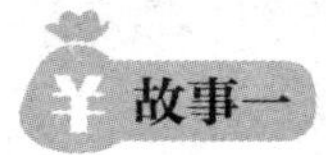

一跌就割，一涨就抛

张三初入股市时还觉得新鲜，天天盯盘，看着股价上下波动很是刺激。很快他就尝到了盯盘的痛苦……

跌是难以承受的痛

虽然 A 股有涨、跌停板，但即使是 10% 的振幅也足够让人心惊肉跳。张三刚一买入就期盼股价能跟火箭一样噌噌涨。但好事多磨，打算买入的时候正是股价快速拉涨的时候，等张三真正成交时股价已经涨了 2 个多点了，而且接下来的涨势完全没有要停下来的意思，一口气涨到了 7 个点。

“幸好我买得早，不然就不赶趟了，这次肯定会大涨。想不到我小试身手就要赚一笔了。”但是命运总喜欢跟人开玩笑，午后 2 点半，红了一上午的股价开始直线跳水，到收盘时已经绿了好多。A 股的 T+1 让张三想走也走不掉。

第二天，不管开盘情况如何，张三第一时间就割了。

涨是没法把握的酸

张三也不是一直都走背运的，有时候第一天买入，第二天就顺利涨几个点，张三也不恋战，基本上第二、第三天见好就收，因为他害怕多犹豫一下盈利就会化为泡影，好不容易得来的盈利总要落袋为安才好。但很多时候，张三一抛，股价就铆足劲往上涨。

对此，张三只能懊悔、感叹。

逻辑上张三的胜率

张三持股后，总是强行给股价走势加上一个期限，认为“短期股价会涨上去”。抛开股票的基本面等诸多复杂的因素，单论走势，一般而言，短期涨或者跌各占五成，张三未必没有胜算。但实际情况是，不管是先涨后跌还是先跌后涨，涨 5%、跌 5% 都是拿不回 100% 的本金的，短期交易的税费和佣金也会占用部分本金。基于以上这些现实中的问题，张三的胜率是被高估了的。

时光荏苒，张三在一年一年的追涨杀跌中，时而赚一些，更多时候是亏的，而且他自选股的股票数量越来越多，每一只都如张三的前女友，总能勾起无限的回忆。

为什么害怕股价下跌？其实投资者怕的并不是眼前的跌，而是可能会到来的持续下跌，这是心里难以承受的痛苦感觉。那为什么股价上涨的时候又抛得很快呢？如果得而复

失，我想每个人都会有难以承受的失落感。而且不知道股价会涨到哪里，所以持股过程中一直战战兢兢。如何改变这个心态？我有一剂良药，就是尽量让自己了解所买的股票，股价的涨和跌如果都在预期的范围内，那么持股时就会心安许多，而不是患得患失、战战兢兢。

成本锚定

每个月会有少则几十万名多则上百万名的新股民进入 A 股，散户的重复剧情总是在不停地上演。

套与解套

老散户一般不卖出股票之前是没有亏损意识的，比如张三，“被套住了而已，那能叫亏吗？投资者的事怎么能叫亏呢？那都是暂时的！”

张三执着于解套。在他看来，万事最终都会有转机。举个例子，他的朋友李四从 2008 年被股市套住以后死扛到了2015年的牛市，最终净赚了3倍，所以被套住了不能叫亏了，解套只是时间问题。当然他不会被动等待，他会主动做T来降低平均成本，争取早日解套。

深套与价值毁灭

有时候，就是那么不幸，买入的股票公司主营业务一蹶不振，主动开拓的其他业务又没有起色，股价就会安安稳稳地待在谷底，持股的都一个个熬成了真正的股东，把股票牢牢捂在手里舍不得卖出，好像这家公司是他辛苦创立的似的。时间长了还不时做些重组、借壳的美梦。张三倒是乐观："大不了二十年后，留给女儿做嫁妆。"

苦尽甘来

有时候，终于有资金进场，将股价从深坑中拉起来。张三觉得新买入的散户都是自己的恩人，没有他们的买入，股价又如何抬升。张三尽情享受解套后的轻松。

这个时候张三多半会选择尽早卖出离场，能赚一两个点也是好的，重要的是终于解脱了，之后的上涨已与自己无关了。就算没有在最高点卖出，他也已经很开心了。

人就是那么奇怪，简单的道理，理解是一回事，实践又是另一回事。

“股神”的自我修养

人的痛苦大部分来自欲望难以被满足。资本市场上，贪婪变成了一种上得了台面的积极品质，获取超额收益是每个投资者的期待，张三也是。

“股神”的预期

复合年化利率 20% 对于张三来说只是个最基本的要求，复合年化利率 50% 起步上不封顶是“股神”张三对自己早期投资生涯所定下的目标。

“股神”的实操

既然目标如此之高，那么“凡夫俗子”又岂能入张三的法眼？所以张三孤注一掷，在经营策略激进的公司中寻找符合他预期的潜力股。投资股票想要获取超额收益，就得加杠杆。企业想加大收益该怎么办呢？根据杜邦公式，无非就是这几条路：提高毛利率，降低“三费”，加快周转，加财务杠杆。前三者，每一项的提升都考验企业的竞争力和管理水平，并且即使有效果，也是缓慢的，所以张三盯上了愿意加财务杠杆的激进公司。

赌性深重的地产

十多年前，万科是国内地产当之无愧的老大，但是之后如果单从销售额来说，有许多公司后来居上，如碧桂园、恒大、融创等，它们凭借的就是趁着周期性的政策红利拼命加杠杆拿地，另外，单个住宅项目的开发速度也一再被刷新。碧桂园曾经有项目从拿地平整到结构封顶只花了 5 个月左右的时间。单个项目内部收益率（IRR）的提高叠加高杠杆的应用，头中部的房地产企业实现了三级跳，净资产不断翻番，销售额也水涨船高，土地储备也达到了行业的历史高峰。

张三趁机下注了其中一家有魄力的地产上市公司，期待着公司股价能像碧桂园、融创一样实现增长并最终成功上岸。

眼看他起朱楼，眼看他宴宾客，眼看他楼塌了

几年之内眼看着有魄力的地产公司都接连实现了销售额翻几倍，净资产不断增加，随之而来的是，企业管理层的赌性也越来越重，杠杆比例丝毫没有下降的意思，多了多少净资产就加多少倍的杠杆，有息负债高企，就指望着成长到一定的规模之后再来降负债率。

可惜政策不等人，随着调控政策从喊口号到真的严苛执行只用了短短一年多。借新还旧的策略彻底不好使了，有的地产公司甚至开始了饮鸩止渴，借比项

目盈利还高的短期债来盘活公司的现金流。张三买的公司更惨，“有魄力”的下场就是更大的风险，空有短期难以兑现的项目和土地，却解决不了即将到期的大量有息负债，公司一败涂地。随着一些债务的违约，更多的债权人开始找上门来，翻番的目标没有完成，反而让公司的股价一泻千里。

负重前行

面对巨额的亏损，距离张三定下的盈利目标更遥远了。背着这么大的亏损包袱，张三的心态更加不稳了，接下去是更偏执的下注，直到亏得头破血流。至此，张三又陷入了沉思……

期望不能太高，太高的期望会让贪婪遮蔽自己的眼睛，看不到潜在的风险。反而是符合现实规律的低期望才能让人认真审视投资的股票，规避不必要的风险，在一步步的累积中实现预期盈利。

跌出斯德哥尔摩[①]

丈母娘看女婿，越看越有趣。股票也是，千挑万选之后买入的股票，是张三的心头好，怎么看都觉得好。翻开公司财报看看营收，看看流水，看看公司业务水平在行业内的地位，喜不自胜。再打开各家证券公司的研究报告，评头论足一番，张三心满意足地跟朋友炫耀去了。

越是持有得长久，张三越是坚信这家公司就是那个"天选之子"，会带领他实现致富梦想。张三在跟其他散户的交流中，遇到唱多的相互吹捧一番，遇到唱空的就拿出各种数据来证明对方观点的错漏，俨然一副行业专家或公司顾问的架势。投入的精力多了以后，

① 斯德哥尔摩综合征，又称斯德哥尔摩症候群或者人质情结或人质综合征，是指被害者对于犯罪者产生情感，甚至反过来帮助犯罪者的一种情结。

连公司的缺点都越看越顺眼，甚至会为公司的一些愚蠢的行为找理由。

但是，股价是不以张三的意志为转移的，长久的“跌跌不休”，偶尔，在交易日股价会红上半天或一天。看着不断下跌的股价，张三不停地安慰自己，这不过是黎明前的黑暗，接着张三会到各种股吧跟股友一致对外，见不得一点儿看空的意见。

股票虐我千百遍，我待股票如初恋。随着股价“跌跌不休”，张三失去了理性的判断，到处看研报、看债券评级、看新闻，到处找正面评价这只股票的论述。病重至此，不亏是不可能了。

股票投资是需要研究和观察的，但切不可投注感情，要明白股票市场上风云变幻，看错、买错也是常有的事。买错了，要意识到错，及时止损。投资就要抛开“七情六欲”，做理性的选择。

一阳改三观

被股市教育了一次又一次的张三又回来了，这一次他谨小慎微，听到一点儿风吹草动就立马去验证真伪，可以说将规避风险做到了极致。老散户的谨慎都是真金白银亏出来的，大盘要是多跌那么一两个点，张三一定是跑得最快的那波人之一。

小心，股灾快来了

大盘连着 2 天都在做“俯卧撑”，张三的心脏已经有一些受不了了，“这是大转变的征兆啊，说不定股灾近在眼前了。”张三也会居安思危了。这个时候，市场上的“鬼故事”一个接一个，资金像是一个患有多动症的人，在板块间反复横跳，一时间市场上人心惶惶。张三也趁机减了一半的仓，静待变化的来临。

一支穿云箭，千军万马来相见

股价震荡几日之后，大盘一下子红了3个点，上百只股票涨停，资金净流入近百亿元，市场上几乎很难找到股价下跌的股票。股评人集体唱多，各种风险似乎都消失不见了，各路“股神”又开始畅想自己的伟大业绩，仿佛牛市就在眼前，几天之前的阴霾一扫而空，像是从来没有发生过一样。张三自然也不能免俗，重仓杀入。市场就是如此情绪化，股市有时候也像剧本的套路一样，简单重复。

股价的涨跌和股民情绪的共振可以让股价一时天上一时地下。普通投资者是该随波逐流，还是该特立独行，这是一个很难回答的问题……

价值投资者的虚名

“股票投资之道，万变不离其宗。就是买得便宜，等待估值修复之日赚取超额的收益。张三作为价值投资的拥趸，重回股市。

抛弃了短期交易打法的张三，开始物色中长期成长股了。这一次他信心满满，有了选股、持股，买入、卖出的理论支持，他觉得这一次会是他真正的人生巅峰。

很快目标出现了，一家优质的上市公司，因为某个行业丑闻股价大跌，营业收入也大幅下滑。“这不就是塑化剂事件 2.0 版吗，我也终于找到我的‘茅台’了，果断建仓。”在之后的一个月，这个公司的股价持续下跌，但张三这次心里有了底，每下跌 5%，他就加仓 10%，慢慢地，他就重仓在这只股票上了。

“价值投资就是在他人恐惧时我贪婪，他人贪婪时我恐惧，这次我一定能逆转多年亏损的业绩。”足足等了半年，股票还是持续阴跌，较张三买入的价格已然跌去了 1/3。这个时候的张三还是有耐心的，时不时刷一下公司的公告、行业的新闻，关注公司的进展，唯一懊悔的事情就是他觉得自己建仓过早，没有充分预估到市场可以“疯癫”到这个地步。

又过去半年，又跌去了一部分，张三持股的市值已经腰斩。“拐点应该就快要来临了，第四季度的营业收入已经开始环比上升了，估值修复之日也快到了吧。”

接下来的一年，业内其他公司在看清问题后逐步选择抛弃原先的经营模式转而开展新的业务，只有这家公司还躺在老路上等待转机出现。股价进一步大跌，这是张三投资生涯中最严重的一次亏损，几乎全军覆没。

价值投资并没有明确的定义，拘泥于形式最终得到的不过是有其形而失其神。投资没有定法，能够较大限度地规避风险并且取得一定收益的方法都可以称之为价值投资。

2.3 企业篇

有时候亏损是投资者的原因，有时候亏损是因为企业本身就不值得投资。

低 PE 的陷阱

可能大部分投资者最初接触的估值模型都是 PE（市盈率）模型。公司一直在赚钱，但股价却很低，那就是低估。很多人选股的第一步就是看市盈率，市盈率高的，果断淘汰，看到市盈率只有个位数的就两眼放光。但是，真实世界复杂得多，这个模型有时候连参考的价值都不具备。

非经常性损益

去掉偶然的收益才能相对真实地反映公司的盈利水平，不然今天卖锅明天卖铲的公司的盈利报表的表现也很好。如果选择 PE 模型来估值的话，那么更具有参考价值的是扣除非经常性损益后的市盈率。上市公司时常会有一些日常经营以外的收入或者开支，比如收到某笔政府拆迁补助的费用、卖了某些资产等，通常，不应该将这些日常经营以外的收入或者开支视作公司的真实盈利。

周期股的大摆锤

老股民基本都清楚，周期股的 PE 得反着看，利润很高 PE 很低时，基本说明行业在景气的周期高点。接下来进入周期低点，需求下降，产品跌价，毛利率下滑，净利率更是惨不忍睹，可能之前是 20 亿元利润 5 倍 PE 的股票，在周期低点会变成 5000 万元利润几百倍 PE。那么有脱离周期持续增长的周期股吗？企业通过国内外市场销售的调节以及期货市场的操作可以相对抑制利润的大幅波动，但也终究难逃周期行情的大趋势。海螺水泥已经算是市面上经营得非常不错的公司了，但是基建规模的增加或者减少都还是会较大程度地影响公司的利润和股价。

刀尖上的利润

同样是赚 10 亿元，两家公司的市值可能一个在天上一个在地下，难道钱不是一样的钱吗？在资本市场，答案就是如此残酷，不一样的生意模式赚来的钱就是不一样。好的生意模式即使成长有限，也会有较高的估值，这里主要的差别在风险上。比如，有些生意毛利率薄如蝉翼，一不小心就有可能因为原材料涨价或者营销费用超标瞬间变亏损。对于这样的企业，如果根据 PE 模型，那理应给一个较低的估值，比如主营业务为医药流通、屠宰等的企业。

没有充分竞争的行业

有一些新兴的细分行业，由于市场规模尚小，需求呈指数级增长，所以先发的企业业务特别好做，表面看上去毛利率高，净利润的数字也特别漂亮，而且营业收入增长也异常迅猛。但是，这些数据有可能会在后续的几年内迅速变脸，当细分行业的市场规模到达一定的程度时，就会有相关行业的巨头进场，随之而来的营销费用上涨、毛利率下降几乎是必然的，营业收入可能还是会增长，不过净利润反而会大幅下滑。

当然，这个过程中也可能会产生非常难得的投资机会。在这个细分行业基本完成市场份额的瓜分之后，处在行业前几位的寡头就会迎来一段较长的稳定发展期。虽然这个时候行业的增速可能不如初期，但凭借进一步挤压边缘企业，抢占它们的市场份额，加上营销费用的降低，这些寡头的净利润反而会有较大的提升。如格力、美的在空调行业的发展史。

总体而言，低 PE 极有可能是股价被低估的标志，假如你能看清本质、抓住机会就会有很大的盈利空间。

成长股不成长了

对成长股进行估值，PEG（市盈增长比率）是一个更加合理的估值模型。PEG 等于公司的市盈率除以公司的盈利增长速度。PEG 越低，则该股票的投资价值越高，代表市场对这家公司未来增长的良好期望。

记住，公司的盈利增长速度必须是未来的，期望中的，而不是过去几年的。拿着财务报表里过去几年的盈利增长速度来看待股票的价值是不可取的。成长股的成长也有可能在短时间内就停滞了。

撞上天花板

成长股某天不成长了，一个十分常见的原因就是主营业务的增速受限于市场规模。这个时候只能寄希望于公司的管理层能够未雨绸缪，或开发新的产品寻找新的赛道，或通过提升自身的管理水平降低“三费”来提高净利润，或凭借市场优势地位涨价来提升毛利率。这种情况的不增长通常是容易预测的，哪怕多看几个研报也能发现端倪。研报对于个股的预估可能不准，但是对于行业发展空间的预估还算准确。

产能受限

距离市场份额和规模的天花板还远，但产能跟不上销售，这种情况属于“甜蜜”的烦恼，企业通过继续投入扩大产能就能很好地解决这个烦恼，而且有可能会迎来第二波相当迅猛的净利润增长。通常这个时候，你可以看到企业管理层对于长期发展的判断是否准确，有远见的管理层一般在产能不足的前几年就会规划投资建厂等事宜。

门槛过低引来鲨鱼

资本是逐利的，哪个地方的投资回报率超过平均水平，资本就会慕名而来，直至投资回报率回归平均值。在股市待久了的投资者可能听"护城河"这几个字听得耳朵都快起茧了，但是就是这个朴素的比喻形象地描绘了企业的竞争优势和行业门槛。对企业来说，这个"护城河"可以是很多东西，如领先的技术、品牌价值、渠道等。企业要持久盈利，就要筑牢自己的"护城河"。

成长股选得好可能会收获颇丰，这也是沃伦·巴菲特等价值投资大佬们最喜欢的投资对象之一。长坡厚雪，做时间

的朋友。但要找到适合投资的成长股是有较大难度的。

纸上利润

我有一个同学曾经干了一阵子包工头。他的业务很简单，就是从施工单位那里承包项目，如一个住宅楼的某几层或者整栋楼，手底下是一群一线建筑工人。

这业务做得着实憋屈，一个工程项目往往是层层往下转包，有总包，有分包，有分包的分包……最后才到他的手上。所以工程款的流向也是这样的：从上到下要转好几道手。通常项目的甲方会拖欠一部分尾款，那么作为乙方的乙方的乙方——小包工头，也就别想拿到尾款了。底下工人的薪水必需按时发放，所以最终他干了几年，大部分盈利成了收不回来的应收款。

有些上市公司在行业中也处在这样尴尬的位置上，上下游都比自己强势，供应商的货款需要预付或者现付，客户的账期却放得很长，每年流入的现金流都是在收入的基础上打个折扣，有时候这些应收款收得回来，有时候就只能是坏账。加上这些公司的会计准则通常都比现实乐观得多，不到最后关头不记提坏账，似乎这种无谓的挣扎有意义一样。

这些企业看上去赚钱了，又似乎没赚。现在的坏账很可能在将来某个时间一次性记做损失，当年可能一下子就变成微利了，第二年从很低的基数出发，又给人一种增长了很多的错觉，几年一个周期，循环往复……

其实这样的企业也是“苦命人”，谁不想当期的货款当期结算？可是谁让它们在产业链上没法做到强势呢。签到合同已属不易，到收款时还经常打折，所以，那这类型企业的估值岂不是也得打些折扣。

大客户跑了

在 A 股投资，对这一类型的企业必须高度警惕，因为它们可能是你的噩梦。这类型企业表面上看哪里都不错，但潜藏着一个致命的弱点：营业收入过于集中，对于少数几个大客户过度依赖。

A股有一些苹果公司的供应商，特斯拉的供应商，来自单个品牌的订单甚至超过公司营业收入的一半。如果哪天这个大客户转头把订单给了其他公司，现在的这家公司很难从营业收入下滑里走出来。

虽然证监会要求对于生产经营有重大影响的事件需要公告，但是某些上市公司不以为然，认为自己脱离了这样的大客户也不会影响自己的业务，也就不存在需要公告的事项。想法很自信，现实却很残酷。

一家刚刚上市不久的生产汽车用电池的企业，是这样解释为什么之前的两个季度两个大客户的订单突然没有了的：“客户的生产计划排期延后了。”似乎大客户尚在，只是订单延后了。最终事实公开在普通投资者眼前的时候，真相是这家公司彻底失去了这两个大客户，而这家公司上市之前这两个大客户几乎贡献了公司一半的营业收入，可想而知这家公司的股价会是怎样的趋势。

所以，对于那些对单一客户依赖过重的企业，要谨慎投资。

有大客户是企业的幸事，但不一定是投资者的幸事，失去大客户对企业来说可能是营业收入下滑，但对该企业的投资者可能就意味着亏损了。

乐视网的“输血”游戏

曾经的创业板一哥，昔日深证成指、深证100指数、创业板指数的成分股——乐视网，成为令人震惊的惊天大骗局。

乐视网归属于上市公司股东的净利润大幅增长，主要归功于少数股东的“输血”。2011年、2012年、2013年、2014年和2015年，乐视网少数股东损益全部为负数，分别为–0.002亿元、–0.04亿元、–0.23亿元、–2.35 亿元和 –3.56 亿元。而少数股东损益亏损严重的主要是乐视致新电子科技（天津）有限公司、乐视网文化发展（北京）有限公司、乐视云计算、乐视电子商务（北京）有限公司、乐视体育文化产业发展（北京）有限公司。

这些名字熟悉吗？它们都是乐视网七大生态的一个板块。乐视网每年通过创造一个新概念，建立一家新公司融资，然后再“输血”给上市公司，造成一种上市公司欣欣向荣的假象，大股东借机减持套现，从中获利。可惜骗局终究是骗局，这种假象总有维持不下去的一天，乐视网从高点下跌了 99%，退市，真的是字面意义上的价值毁灭。

乐视网这样的公司只有一家吗？未来还可能发生吗？作为投资者的你，要记得上市公司的实控股东可能有许多产业，对于他们来说，上市公司可能只是其中的一部分，不要假设控股股东一定想要上市公司发展得好，也有可能他们只是想从中牟利。

乐视网的事情现在回头看是个清楚无比的骗局，当年可未必那么容易被看穿，许多精明的投资大咖在乐视网上栽了跟头。因此，投资者一定要擦亮双眼，识别骗局，防止上当。

上市公司是大股东的 ATM

上一案例提到了控股股东不一定会以上市公司的利益为先，有时候甚至是不加掩饰地从上市公司吸血来充实自己的口袋。

你的钱就是我的钱

如果你看到某家上市公司报表上显示有很多现金，但是既不拿去扩充产能，也不分红、买理财，那么极有可能是被大股东挪走使用了，然后在某个报告周期还回来，对于大股东来说，这些钱基本上等于低息甚至无息的贷款。

吃独食比较香

一家上市公司，在几年前出资参与创立了一家现在看来非常成功的初创企业，然而股东没有参与那家初创企业后续几轮的融资。在普通投资者看来简直是匪夷所思，但是如果你翻看那家初创企业后续几轮融资的出资名单，股权穿透后可以看到上市公司大股东的身影，这下就能明白为什么上市公司不参与那家初创企业后续的融资了。

这是一个筐，什么都往里装

资本操作在公司层面是十分常见的，常有控股股东将额外的资产装入上市公司体系内，多数时候是为了将上市公司做大做强，但也有大股东是想将自己的其他劣质资产并入上市公司，相当于全体持股股东买入了一些大股东的“垃圾”。曾有一家上市公司更换了实控股东后，终于一扫多年的颓势，开始业绩、股价双增长。就是因为这家上市公司的核心资产相当优质，但前任大股东并入了一些劣质资产。

投资股票其实也是在控股股东和管理层身上下注，如果不去了解这些对上市公司的经营与业绩至关重要的信息，那么你的投资就太过任性了，获利全凭运气了。

什么都做的公司

很多上市公司体量庞大，业务也复杂多样，这些都容易理解。但从投资者的角度来说，企业业务不宜过于单一，也不宜过于庞杂。主营业务集中到有足够竞争优势的业务上，业务分布又足以抵抗行业中的各种风险，这样的配置对于上市公司来说是最合适的。

但是人总是贪婪的，总有企业觉得自己什么都能做，拿着过去在某些领域的成功经验到处套用，钱也投进去了，业务也开展了，就是效果不理想，然而却不反省，反而继续寻找新的业务，指望某个业务能够有足够的回报。可能在扩张业务的过程中，慢慢就变成了所谓的多元化经营的“帝国”。

这类型企业鲜有非常成功的，因为主营业务不够聚焦，竞争力上不去，其他业务也一般，有时候会面临一个业务大幅上升但总的营收利润却被其他业务拖累的尴尬局面。公司的现金流分配、未来的投入都会给管理层的决策增加难度。另外，过多地跨领域开展业务，原有的优势利用不上，人员、设备的效率不高，公司总体规模大了，但对于普通投资者来说企业的内在价值可能还不如扩张之前。

A 股有一些上市公司有许多有亮点的业务，但股价始终“趴”着，很多时候就是被其他低效率的业务所累。

业务越多的公司越难评估其内在价值，初入市场的投资者还是尽量远离这些公司为好，就算是资深的投资者也容易在这类企业的投资中吃亏。

概念王中王

有这么一类公司，能神奇地同时踩中多个时下的热点概念，好像公司的业务非常前沿，但你若近距离观察这些公司，十有八九只是和概念沾边，技术水平距离行业先进水平差得很远。

炒股炒的是预期，随着各种爆炸新闻的诞生，总是会有资金和散户去追逐可能会从中“获益”的概念股，即使这个概念股离这个前沿概念还有十万八千里。上市公司安上某一概念股的名号后，无论其股价上涨或者下跌，都会有一波短期资金博弈。有人觉得属于利好消息，该涨；有人觉得会有人觉得属于利好消息，该涨，前者博消息，后者博情绪，到头来可能都是竹篮打水一场空。

高风险低收益

炒概念是一种风险极高的投资。概念来得快，去得也快，一个概念还没有“捂热乎”可能就被后一个概念拍死在沙滩上了。所以即使你勉强猜对了，恰好押注在了上涨的股票上，也可能收获不了多少盈利。

多个概念，就多个下跌的可能

A股“神奇”的地方就是集体情绪的悲观化，俗称“跟跌不跟涨”，但凡相关概念出了一个不好的消息，整个与之沾边的都会跟着下跌，多个概念就多个下跌的可能。虽然最终股价会随着优质公司的成长而成长，但有时候飞刀接多了你也会麻，持股体验极差。

可能正确的处理方式就是完全无视概念，买入的逻辑不掺杂概念，卖出的时候也不考虑热点，操作只跟企业的基本面相关，切勿想着与其他人博弈。

一直在赚钱的临倒闭公司

有些公司赚着赚着突然就不行了，对此不必惊讶，因为有些事情一开始就注定了结局。

有一些制造行业的企业，看着毛利率还不错，公司也很进取，但赚的钱很多用来扩产能和更换设备了。但可能进取的原因只是为了不在竞争中掉队，不更新设备可能会造成不利后果，比如不能提供与竞争对手的产品同等质量的产品，或者提供同等质量的产品的成本会比竞争对手高一截，又或者生产效率会不如竞争对手。总之，这类生产企业会被困在一个这样的循环中：拿到订单，赚了钱，把钱拿去买设备，再拿订单，再换设备……

这些企业有时候会在某些经营不善的年份里因为换不起设备而掉队，彻底失去竞争力，又或者因为技术落后失去竞争优势而倒闭。上述类型的制造业公司，赚的钱基本不能自由支配，购买的设备也会不停折旧，是需要不断再投入的公司。按照沃伦·巴菲特投资理念里的一句重要总结，即企业价值等于未来几年的自由现金流的折现值，那么上述公司的价值极低。

无须额外投入就能继续盈利和增长的企业与上面所说的制造业的一些公司相比，生意模式的优劣高下立判。

2.4　行业篇

沃伦·巴菲特喜欢买消费股，因为他觉得消费行业可以长久地存在。他开始买入可口可乐的时候是1988年，一直持有到今天。

可是，一股脑儿地去买消费股，也会带来一个问题——消费行业的股票估值高企，很多时候并不具备投资价值，更何况不是消费行业的所有公司都具备成长为百年老店的潜力。我们周围的消费品牌每年都会有新的崭露头角，旧的销声匿迹，常青如可口可乐的公司凤毛麟角。

那么，除了消费行业，还有什么行业值得投资呢？虽然笔者在A股已经有多年的投资经验，但笔者对于行业这种高深的东西也不敢谈论太多，仅做一些行业原因带来亏损的案例分享，希望读者从中受到启发，避免受损。

行业下行的风险

投资界有这样一种说法：要在合适的赛道中投资。有些行业，未来几年乃至几十年的前景都非常不错，那么下注在这个行业的公司上的胜率就会高很多；反过来，对于一个已经高度成熟的行业来说，可能行业的天花板已至，未来还有衰退的风险，在这种行业内，即使是非常优秀的公司都可能改变不了无法再进一步的命运。但凡事总有例外，有的时候成熟市场也会涌现一些难得的投资机会。

通常这一时期的行业，市场份额已经稳固，头部企业已经比较难大幅地提升市场份额，而行业总体的规模也到了天花板。行业内的优质公司单从ROE（净资产收益率）等指标来看都非常优秀，但估值可能不高。单从公司层面来看，得益于好的运营效率，公司净利润还有小幅提升的可能，个位数的市盈率，良好的现金流，一切的一切都似乎在吸引成熟的投资者来下这么一场赌注，赔率有限但胜率奇高，而且下跌的空间不多，类似于“烟蒂股”[①]。

可是，就是这么一个胜率奇高、下跌空间不多的投资机会可能会让人亏得怀疑人生。最糟糕的情况可能是：行业规模萎缩，营销费用增加，但营业收入却不断下跌，公司人才流失，渠道内的伙伴开始另寻出路，整个公司的基本面在极短的时间内恶化，而这根本不是优秀的管理层可以扭转的。越是害怕什么就越是会发生什么，这种近乎会导致公司覆灭的风险是投

① 是对实际价值高于市场估计价值的上市公司股票的代称。

资者从一开始决策时就不应该避开的考量。

因为我看不懂所谓的行业大势，所以也不敢贸然评价一些“投赛道”的理念正确的概率有多大。从历史数据来看，行业的发展会有各种不同的曲线，有的行业消失了，有的行业衰退后会重新兴起，有的则接近长盛不衰。但即使你做的是长线投资也逃不过行业周期的影响，从这点来看，选行业比选公司可能对投资收益的上下限影响更大。

A4 纸的威力

2021 年 7 月，教育行业的一纸政令让无数人意识到政策性风险原来离我们如此之近，众多教育行业上市公司的股价大幅下跌，裁员不断，就连感受到一丝政策寒意的游戏行业也“跌跌不休”。如此强硬的调控下，资本选择回避风险，在美股上市的中概股大量地被抛售。但是有时候机会就潜藏在危机之中，市场情绪下被错杀的优质公司可能会在中长期为投资者带来丰厚的回报。

社会主义市场经济

中国是社会主义市场经济，国家宏观调控体系永远是其中重要的一环。调控的目的在于实现社会资源合理配置、收入分配公平。就是不是一切以利益最大化为出发点，而是要保障民生，缩小贫富差距。所以一些投入巨大的高铁线路才有可能开通，一些通往人口稀少之地的公路才会有资金建设。

与我国保障民生、共同富裕的目标相背离的行业，是不存在合法化的可能的（澳门的赌场除外，有其历史原因）。作为投资者，应该警醒，包括电子烟等行业都有可能受到一定的管制或者惩罚性的税收。

投资指南

对于普通投资者来说，一本必读的投资指南就是国家的“十四五”规划，这可能是任何价格都买不来的行业投资指南。

那么，我们来从“十四五”规划里看看有哪些亮点：

一是把科技自立自强作为国家发展的战略支撑。

因此，卡脖子的科技领域必然会获得重点扶持，例如芯片领域。

二是保持制造业比重基本稳定；形成具有更强创新力、更高附加值、更安全可靠的产业链供应链。

可见，国家会重点发展高端制造业。

三是建立健全让居民能消费、敢消费、愿消费体制机制；为打消消费顾虑，提出社会民生由保障“基本”到“普惠性、基础性、兜底性”民生建设跨越。

医保谈判与集采的常态化，对校外教培行业的大力整治，某种意义上说是为了降低普通百姓的生活开支，从而提高消费意愿。

四是首次明确了碳达峰碳中和的时间表和路线图。

清洁能源领域，风电、光伏、水电、核电，包括新能源汽车行业将迎来发展良机，当然，这些之前就已经是明确发展的方向了。

当然，“十四五”规划里还有很多值得细读深研的内容，结合政府的一些其他的指导性文件，相信普通投资者会对国家未来五年的规划有整体的认知和理解。股票投资投的是未来，还有什么比这个更好的指导性纲领呢？

现实中，我经常看到胡同口的老大爷们谈论着当今世界大局、国家大事，但他们经营不好自己的小家。所以大势归大势，投资最终还是要落到具体的细节上，正确认识大的形势只是第一步，A4 纸的政令可以使你正向理解未来的发展方向，也可以反向理解可能风险的存在之处。

大变革来临

随着科技的日新月异，市场发生巨变、行业进行改革，这几乎是每隔一段时间就会发生的一些行业大事。在变革初期，往往仅有一些嗅觉灵敏的昔日巨头闻到了一丝危险，而作为投资人，极有可能还沉浸在过往的辉煌中。

变革往往意味着危险和机会，现在就有一场变革正在上演：国内新能源汽车的销量环比在增长，同比在增长，且增速极快，几乎可以断定，用不了几年新能源汽车的市场份额将超过燃油汽车。对于投资者来说，除了密切关注新能源整车、电池方案、电池原材料、锂矿等相关受益企业外，还应该关注相关的其他企业，例如国家电网、中国石油、中国石化、相关炼油企业、合成橡胶塑料沥青等石油制品行业企业，甚至目前看上去还关系不大的工程机械行业企业。

难以放下的江湖地位

遇到行业大变革时，往往行业原先的领先企业会做出事后让其追悔莫及的操作，例如诺基亚一开始的不采用 Android 操作系统的策略，站在诺基亚的立场来看，当时做出这个决策是可以理解的，它不希望沦为众多安卓手机厂商的一员，它需要保持差异化以保持领先的市场地位。但当变革来临时，可能市场份额不应该是首先考虑的，活下去才是最基本也最容易被忽视的首要问题，所以才会有原先的领先者到最后连生存都困难的局面。

船大难掉头

另一个容易被忽视的问题在于，当变革来临时，所有人都只是知道要改变了，但对于改变的方向并不清楚，事后复盘会发现，后者是决定成败的关键。特别是企业在某个错误的方向投入过多后，光是沉没成本就足以让它一条道走到黑，或者掉过头时为时已晚，无力适应变革。

比如这次的新能源汽车的变革，日本的丰田、本田等知名车企在技术路线上走了不少弯路，整体在氢能源汽车上投入过多，虽然从现在的位置再追赶尚有不小的机会，但整体已经落后于其他车企很远了。

从投资者的角度来说，大变革也可能意味着会涌现出不少大牛股，这是多年难遇的机会。当然，也可能因为对变革的漠视、对变化反应迟钝而亏损。

行业的分岔路

有时，遇到行业大变革，公司因管理层不够高瞻远瞩或者痴迷于旧日的地位而导致公司彻底掉队，但有时候变革来临时，谁也不知道未来哪一条路是正确的，不知不觉有些公司踏上了一条歧路。如果不幸买入了走上歧途的公司的股票，那么结果就可想而知了。

20 世纪 90 年代末，迅猛发展的科技公司代表有华为和联想，两家都是以“贸工技”的路线发展起来的。但发展到某个时间节点两家选择了截然不同的路线：联想仍旧以“贸工技”路线扩张，其间还收购了 IBM 的个人计算机业务以及摩托罗拉，一时风光无限；华为则选择了一条以技术创新为主“技工贸”的发展路线，稳步地发展成影响整个科技领域的巨头。

所谓“贸工技”，简单来说就是，市场流行或需要什么，就生产什么，技术研发的方向以市场需求来驱动。乍一看，似乎“贸工技”是科技公司技术变现的一条较为合理的路线，毕竟有需求才会有市场，而且这条路线的正反馈来得更快更及时。而“技工贸”，则需要时间去提升技术水平，通过技术创新慢慢积累技术壁垒，引领市场的变革，这个对公司的管理层在战略层面上的规划有很高的要求，同时也对整个公司的研发团队的水平有很高的要求。在当时，选择这两条路线曾引发过广泛的讨论，可以说谁也不能很确定到底哪条路才是正确的。但现在看，选择“技工贸”还是“贸工技”，我想历史已经给出了答案。

类似的事情也发生在国内的游戏行业，往前推几年，以换壳游戏堆量为生的游戏公司赚得风生水起；搞原创重研发的游戏公司却举步维艰，不但创意容易被复制，连融资都困难重重。可以说当时资本市场不看好这类原创游戏公司，玩法艺术性等游戏的核心部分在资本眼里一文不值。但仅仅几年时间，以米哈游为代表的原创游戏公司开始日进斗金，口碑、流水双丰收。

对公司来说，行业发展遇到岔路时必须选择一条路走下去；对于投资者来说，除了选一条路走下去以外，还可以选择袖手旁观。争论越大的时候说明分歧越大，那么每条道路的胜率也就都不太高，如没有真知灼见，那么不如等到确定性更高一些的时候再行投资。

2.5 全局篇

投资者在做足了所有的功课以后，可能仍然很难躲过这一种亏损——整个市场乃至全球经济影响下的亏损。无论是A股还是美股，或是其他证券交易市场，都天然会被全球的经济环境影响，这不是普通的人力可以干涉或者改变的。作为投资者，你可以做点什么来保卫自己的资产呢?

不同的人可能有不同的做法，有的选择稍有风声就低仓位避险；有的选择投资个股但做空指数对冲风险，有的则选择以不变应万变。孰优孰劣我不做评价，你可以看看以下这几种情况，你会如何处理呢？

“黑天鹅”事件

1997 年的亚洲金融危机、2008 年的全球金融危机、2010 年的欧洲主权债务危机、2019 年开始的新冠肺炎疫情……近二十多年，发生了许多对证券市场造成大幅波动的“黑天鹅”事件。可以说“黑天鹅”事件的发生概率其实远远大于普通人所想的。

2008 年金融危机的扩大是造成美股、A 股下跌的原因之一，在当年对大多数投资者造成了重创。对普通投资者来说，这样重大的突发事件是难以预料的风险，也是难以承受的损失，应该怎样应对这样的危机呢？

持币待购

2008年，在金融市场不断下跌的时候有了沃伦·巴菲特著名的“在别人贪婪时恐惧，在别人恐惧时贪婪”的名言，他同时在号召人们开始买入股票，他认为当时平仓出局握着现金的做法是错误的，因为在接下来的十年时间内股票的回报肯定会胜过持有的现金。等经济和信心恢复时再买入股票，那就已经错过了最佳买入时机。金融危机发生时，如果有现金就要坚决买入低估的优质公司的股票。对于普通投资者来说，在这个时候调整自己的资产配置比例，在金融危机时加大股票占比应该是不错的选择。

满仓渡劫

金融危机发生时自己已经满仓了怎么办？当实际亏损已经无法挽回时，考虑未来的资产回报，股票依然会比现金更有吸引力，更别说通常危机之后政府会通过偏通胀的财政措施来应对危机，从而使得手头上的现金进一步贬值。

需要恐慌的是手持竞争力不强的公司的股票的投资者，对优秀公司的前景产生恐慌是荒唐的，这是沃伦·巴菲特当时的看法，他对美国经济充满了信心。投资有的时候就是赌一国未来的发展，可以肯定的是未来几十年中国的经济情况应该会比世界上大多数国家更好更稳健，那么你是不是应该对国内优秀公司有信心呢?

有人问：在下跌开始后不久就空仓，然后在下跌很多以后逐步买入，这样不是收益更多？从收益看确实是这样，但是真能做到精准逃顶吗？

我想，投资者应该选择一般的应对方式，而不是祈祷每次黑天鹅来临时自己会精准地预见。

印钞机罢工了

在A股投资，有时候也要考虑全国乃至全球的货币流动性。过去20年，全球最重要的两大经济体，美国和中国的货币流动性充裕。一般情况而言，货币流动性充裕，钱会更多地流入股市，反之会流入相对保值的黄金和国债。当流动性危机产生时，甚至会出现股市、黄金同时被抛售的罕见现象。

这个对于一般投资者有何影响呢？

相对估值中枢

在货币流动性充裕时，股市里的大多数股票会更多地处在历史估值分位的上半段，如果不考虑成长，那么这个时期买入的股票的收益率必然比不上处在历史估值分位的下半段时期买入的股票的收益率。相对容易理解的说法就是，股市缺钱时整体估值下移，然后又会在钱多时整体上移。最近十年的美股大牛市一定程度上也是美联储的量化宽松政策的直接结果，特别是新冠肺炎疫情暴发以后，美联储宣布实行“无上限”量化宽松政策，等于将大量的钱赶入了股市。对投资者来说，现在在美股买任何一家公司的股票都可能是相对高估的，当消减量化宽松规模的时候，美股整体可能会迎来一波大的下跌。

预期的风险

在整体量化宽松下，如果量化宽松的政策不及预期，那么即使是在继续大幅印钱的情况下，也会造成股市的大跌。这也是为什么每次美联储会议吸引那么多人关注的原因。

偶尔的回调

逆回购到期没有新的政策接档，准备金率上调等央行的一些小动作都可能带崩股市，在量化宽松的大环境下也有收紧的时候。

股市只关心放水了没有，水有没有进入股市。水多到快溢出来时，你就知道风险已经累积到即将爆发的边缘了，而水干涸到一定程度时就是你可以大胆买入的机会。

系统性风险

并不是只有社会上钱多的时候 A 股才会整体估值上移，股市中有各种情绪，平常这种情绪会体现在个股的高估—低估—再高估的周期中，市场整体的多空看法会有较大的分歧，但有些时候大众的情绪产生了共振，整体看多，加上更多的投资者的加入，这时候就会出现 A 股为数不多的所谓牛市，比如 2007 年和 2015 年。

在这样的牛市行情下，几乎所有的股票都在大幅上涨，连某些临退市的股票都会出现连续涨停的情况，散户买股票的热情也会异常高涨。你周围谈论股票的人也越来越多。

这个时候，清醒的人知道，暗藏的风险就要来了，而且 A 股的泡沫通常来得快，去得也快，一不小心就会“万劫不复”。但是在指数还在大幅上行的过程中，如果你持币观望，往往又很容易羡慕其他人盈利而动摇对风险的判断。

越是大众都在亢奋的时候，股市越是危险，即使你持有的公司很优质，一样会随着大趋势而在短期被大幅高估。高估之后便是中值回归，但股价的波动往往会出现矫枉过正的情况，牛市高点越高，那么高点过后低点也就会越低。大众的情绪就是这样不停游走在两极之间。这个就是股市自诞生以来就有的系统性问题。

如何面对牛市、熊市之间的切换呢？可能仅有两种态度可以使自己避免陷入疯狂。

第一种态度：短期的大浪

如果做好了长期投资的准备，而且认为所持股票的公司足够优秀，那么大可以完全不关心行情。类似于 2015 年牛市、熊市之间的切换可能对于股市而言是狂风暴雨，但是整个中国的经济是几乎没有什么大的波澜的，这样的危机可能仅仅体现在股价上而已，你持有的公司的经营情况不会因为股价的涨跌而有所变化，那么继续淡定地持有就可以了，反正你主要的盈利来自公司的成长，而非短期的高估。

第二种态度：只赚取低估的盈利

对于普通投资者来说，另一种可取的做法就是，在低估时买入一只股票，赚取估值修复甚至一定程度的高估的价差。但从公司股价足够体现其内在价值到高估的这一段上涨是否还是应得的盈利，这需要打一个问号。何况你很难估计高估会高估到什么样的程度。从山谷到山腰是你合理收益的预期，从山腰到山顶是意外收益的妄想，而且山高多风险。相对合理的做法就是在高估时卖出，寻找下一个值得投资的目标。即使出现系统性风险、整体的高估，你也不会被额外的盈利诱惑，反而更从容地等待下一个机会。

系统性风险出现在牛市中。熊市中系统性风险已经释放得较为充分了，机会将远远多于上涨期的牛市。

3

如何避免亏损

段永平说："如果你能避免亏损，想不赚钱都难。"在股市投资中，找到几笔可以盈利的投资并不难，难的是如何保持收益。只有不亏损或者少亏损，复利的魔法才会在时间的流逝下起作用，不然投资就如坐过山车，辗转数年不过在原地踏步而已。在股市摸爬滚打多年的老股民，通常会把一句话放在嘴边："活下去最重要。"这句话是许多资深投资者以真金白银为代价获得的经验。保存本金才能有将来盈利的机会，懂得避开一些没必要承担的风险是一个成熟的投资者的生存技能。

3.1 主动避免亏损

避免亏损，说得轻巧，但实际上是门大学问。沃伦·巴菲特曾说过股票投资的两大原则："第一条原则——永远不要亏钱；第二条原则——永远不要忘记第一条原则。"要做到永远不亏钱是不可能的，包括沃伦·巴菲特自己也曾在几笔投资中有过亏损的记录，但他的这两个原则强调的是股票投资永远要先考虑风险，先不求胜，先求不败。表面上看似乎找到合适的能盈利的股票就等于避免了亏损，但实质上股票是一种风险资产，天然就带着收益的不确定性且可能招致损失，这就意味着没有绝对意义上的安全。另外，在股票投资中把目标设定为"获取大幅盈利"和把目标设定为"不要亏损"的难度是大相径庭的，后者显然比前者要容易很多，这样在做到不亏损的基础上再把目标提升到获取盈利就会顺利很多。

前一章讲了很多可能亏损的情形，其中有投资者

“主动踏入”亏损的局面，也有不可避免的黑天鹅事件。对于后者，所有投资者都基本上没有实际可执行的应对策略，只有前者是投资者自身可控的。主动入局的投资，若是提前知道会是亏损的下场，自然也就不会有投资者参与了，那么如何去避免呢？我们从股市上的一些现象入手吧。

多做多错

A股市场上亏损的散户居多，换手率高，有的散户几乎每周甚至每天都在做买入或者卖出的决策，虽然也会有几笔盈利的交易，但总体上错误的决策居多。总是会有投资者匆匆地把资金投入几只股票中，然后马不停蹄地换到下一批，甚至不停地来回切换。可以想象，这种短线高频的交易方式对于所买入的个股的了解程度都不可能太高，甚至有许多明显的公司信息都没有关注到。很多投资者可能会认为，公司的基本面或者长期的潜在业绩不太能影响短线交易的成绩，即使不深入了解公司的情况也是无伤大雅的。这个想法是不可取的，公司的收购、并购消息，股东的减持消息，研发成果的公布，行业政策等会在很大程度上影响短期的股价。这类消息反而对长期投资者来说是影响很小的，一个原因是长期投资者一般会更多地关注公司的情况，这类型消息可能并不是“新闻”，而是早就被预估可能出现的信息；另一个原因是假如这类消息没有彻底改变公司的基本面，只是短期股价波动巨大而已，并不影响长期的投资。从这个角度看的话，大多数散户执行的短线高频交易方式先天就有信息不对称的缺陷，在此种情况下指望决策有较高的正确率基本是不靠谱的。交易得越频繁，发生亏损的可能性就越高，所谓多做多错。

短线高频交易的散户通常有两种典型的想法。一是不承认短期的高收益是无法实现也无法持续的，许多时候会天真地认为投资不能取得盈利或者大幅亏损只是其他投资者的水平问题，而自己恰恰是具有高超交易水准和独特投资眼光的那一个。他们往往无法直面自己的亏损，在亏损时总感慨这次亏损都是失误造成的，下一次一定不会失手；再次亏损后又会把亏损归结于大行情不好或者是时运欠佳等。然而他们盈利的时候，则会自信地认为是自己高超的投资水平和交易技巧的功劳。

在社会心理学上，有一种现象叫邓宁 – 克鲁格效应，这是一种认知偏差，能力欠缺的人有一种虚幻的自我优越感，错误地认为自己比真实情况更加优秀。这种效应简单归结来说就是“越是无知越是自信”。从事股票投资多年的资深基金经理都明白要敬畏市场，即使他们中大部分人的投资业绩要好过绝大多数散户的。所以一些散户在处于信息劣势的情况下使用短线高频交易多只股票的投资方式却依然相信自己可以战胜大多数其他投资者的想法是十分可笑的。

二是长期收益的获取太慢了，特别是经历了短线的大幅涨跌以后，一部分投资者没有耐心再去等待股价慢慢上涨，甚至连一点点的波动都难以接受了。这种想法可能比第一种想法相对理性一些，抱有这种想法的散户已经认识到要获得短期超高收益不现实，但还是缺乏足够的耐心等待股价上涨。在这种想法的驱动下，散户很容易萌生一些侥幸的想法，要么是波段操作，要么是板块行业轮动，本质上还是追求效益的最大化，期望大多数的涨幅自己都能捕捉到，而大多数的下跌过程自己能够幸免。如果说第一种想法是基于无知，那么这一种想法就更多的是基于贪婪了。实际表现上，可能持有后一种想法的散户在投资业绩上会略微胜过有前一种想法的散户，胜利的功劳很大程度上归功于操作频次的减少，至于他们期望的“涨时有我，跌时无我”的愿景，基本上都会被现实粉碎。

即使有大量的统计数据证明，短线高频交易对于散户来说是很差的一种投资方式，依然会有很多散户不管不顾地追涨杀跌，期望把握住一些短时间内巨幅上涨的妖股。究其原因还是赌徒心态在作祟，总是期望在非常短的时间内获取非常高的收益。怎么才能摆脱这种赌徒心态呢？

认识预期

不要眼红短期的大幅上涨，正如第一章提到的，要先对自己的投资行为有一个合理的收益预期。假设定下的目标为年化收益率是15%，那么投资短期风险巨大的个股是符合目标的行为，可以通过有把握的个股来实现预期的收益率。就好像，如果目标是爬上10级台阶，正常人应该不会选择每次跳5级但可能摔断腿的方式，一级一级慢慢爬上去才是风险较小且一样可以完成目标的方式。预期是投资行为的锚，合理的收益预期会让投资者保持清醒，远离由于贪婪带来的过于冒险的举动。

认识自己

股票投资就如参加一场开卷还不限时间的考试，做对了加分，做错了会倒扣分，不做题则既不加分也不扣分。这种情况下，合理的做法是，避开那些难度极大的题，避开那些把握不大的题，只做自己有百分之百把握的题，这样才有可能取得尽量高的分数。

投资也是一个认识自己的过程，每个人都有自己相对更熟知的领域，在自己的能力圈中进行投资是相对成功率更高的方式。不要试图在自己陌生或者只知皮毛的领域去和其他的相对更专业的投资者竞争，到头来只会碰得头破血流。当市场风格切换时，不要想着追着热点跑，而是要守住自己熟悉的阵地，长期来看，机会会因为概率再次眷顾你，风格轮动也好，热点赛道也罢，最终投资你擅长领域的投资方式会好于东奔西跑的投资方式的收益。

主动避免亏损是一种有舍有得的大智慧，不贪图市场上所有的盈利，只选取自己能够有能力获得的收益，这么做虽然失去了一部分把握不大的盈利机会，但这些机会底下潜藏的更大的风险也就无须承担了。这一大智慧并不需要有多好的天赋和多高的能力，只要做到自知、克制，你就能比大多数的投资者更懂得如何主动避免亏损了。

3.2 被动避免亏损

除了需要有舍有得的大智慧，还有一些任何投资者只要照做就可以生效的被动避免亏损的策略。这里的策略不同于寻找潜力股的积极性正向策略，而是更注重对风险的控制，将一些风险与收益不对等的选项从投资者的决策中剔除掉。

这些策略覆盖了投资的资金来源、投资方式、择股策略等诸多方面。这里面的每一条策略都只是减少亏损的可能，并非投资的铁律。资深的投资者可能在一条或者多条策略涉及的方面采取完全不同的方式；但对于新手投资者来说，如果能做到下面提到的任一条策略，那么亏损的概率就会大大降低。

急钱不投资

由于投资收益的不确定性，那么一开始投资的第一年甚至是头几年，投资收益是负数的情形是有很大可能出现的。世界上的许多著名的基金经理都曾经在投资的前几年得过负值的业绩，这无关投资水平，有时候再英明神武也难以对抗整个市场的下跌。另外，如果个人的投资风格刚好不受市场青睐，也会在一段时间内无法取得收益，沃伦·巴菲特也曾经连续三年总收益为负数。那么初入股市的新手投资者如何在一段不长的“限定的时间”内取得收益呢？

放眼长期，如果投资的股票背后的公司没有问题的话，这些“负收益”的时段可能仅仅是投资过程中的波动，但对于投资的本金有时限的投资者来说，在哪个时间节点需要在股市以外的地方使用这笔资金就成了投资是否能盈利的关键。对于某些人来说，投资过程中的波动可能成了永久性的亏损。

投资本金的使用时限还会给投资者在特定期限内盈利的压力，这种额外的压力会分散投资者的注意力，甚至影响投资决策时的心态，投资的方式也会受到很大的局限性，由于资金的期限，有时候不得不放弃中长线的投资机会。

不加杠杆

在股票投资中，普通投资者如何实现避免亏损这个目标，有一个十分重要的策略就是不加杠杆。加杠杆的行为看似只是等比例放大了投资者的本金，似乎除了缴纳一定的资金利息、投资行为带来的亏损也等比例放大之外，没有其他缺点。一些投资者认为，只要用好杠杆工具，在择股上再下番功夫，就可以轻松实现收益加倍，完成小资金大盈利的目标。这些投资者都轻视了市场的波动，忘记了用不用杠杆的根本区别，那就是亏损上限的区别。理论上，如果买入一只股票，目标是三年后股价翻倍，那么即使买入之后股价先下跌 50% 也可能不会影响投资者最终的收益，但对于加了一倍杠杆的投资者来说，下跌 50% 就会迎来爆仓的局面，这个时候要么失去投在这只股票上的全部本金，要么追加保证金。如果下跌 50% 的不只是这只股票，而是投资者的整个股票组合呢？这个时候又到哪里去找足够的资金来追加保证金呢？可能有人会认为，下跌再多也不至于整个投资组合都腰斩，但事实是如果在股市上投资的年限足够长，那么回撤超过50% 的可能性非常大。市面上的许多优秀基金，短期业绩非常亮眼，投资的年限一拉长来看，特别是穿越股市的牛熊周期时，回撤超过 50% 也就是大概率会发生的情形。以基金组合的分散程度，整体业绩回撤超过 50% 的情况尚且可能发生，个人投资者的投资组合分散程度不及基金，偶然性更高，出现超过 50% 的回撤可能性也更大。仅仅是一倍的杠杆，就足够让投资者在长期投资中的某年突然亏损所有本金，更不要提更高倍数的杠杆的风险了。就算降低杠杆比例，比如只额外加 50% 的杠杆资金，经过简单的计算就能得知，回撤超过三分之二一样会爆仓。虽然可能这种程度的回撤发生的概率更低，但当大幅度回撤发生时，面对当时纸面上百分之八九十的亏损，不知道投资者的心态是否还能保持稳定。即使在较小比例的杠杆下，我认为相对于可能多出来的那些盈利，杠杆带来的风险和危害更大。

不因下跌而补仓

许多投资者会很羡慕那些拥有“无限子弹”的人，仿佛只要有了足够的资金可以不断补仓，投资亏损的概率就会大大降低，解套获利的概率也会大大上升一样。但实际上，对于资金的渴求是没有上限的，仅仅只是要实现下跌时总有资金可以补仓，那么完全可以通过初次建仓以及每次加仓时仅使用自己本金的极小的一部分就可以实现，那些看似有“无限子弹”的投资者也只是没有把全部自有资金一次性押上而已。“无限子弹”模式与少数几次就完成建仓的方式相比，并不需要很大的资金体量，仅仅通过调节每次动用的资金比例就可以做到。但如果真采用了这种用极小比例的资金建仓的方式，这些投资者很有可能会在股价上涨的时候后悔没有买入足够的股份而错失了盈利。

买入股票的理由有很多，如果已经买入了设定仓位的股票，那么就不要因为股价下跌了就想着要补仓。下跌补仓这一行为在心理上可能有沉没成本的影响，不希望之前投入的资金打了水漂。在当前股价大幅低于买入成本价的时候，通过加仓的方式来降低平均持仓成本，看似实现了单只股票的盈利难度下降，但整体上可能破坏了原先的总体仓位分配，让投资的行为慢慢变成由股价走势来操控，而非由其他更加理性的分析来决定。这种加仓行为也有例外，当有其他基于投资分析得来的原因时则可以不必有此顾虑。

不做空

对于绝大多数的普通投资者来说，要想避免亏损就不要参与做空。理论上来说，不加杠杆的情形下，做空的收益上限是100%，而做多的收益是没有上限的。而且，股价上涨一倍时做空的本金就归零了，单只股票发生股价翻倍的情况数不胜数，有时候甚至是基本面非常糟糕的公司也可能由于某些原因在一段时间内股价不跌反涨，涨幅超过一倍的可能性也是存在的。做空最大的问题在于，即使在分析和判断正确的情形下，而且公司存在巨大的问题，但是在股价最终下跌前，在波动的情形下就可能让做空者血本无归，如果加上杠杆的话，那么做空者可以承受的波动幅度就更小了。

另外，上市公司相对普通公司的优势就在于，它具有非常多的融资途径，同等情况下存活下去的概率更高，自救的能力显然强于普通公司许多。很多投资者在上市公司面临困境的情况下也更有耐心等待公司自救。对于做空者来说，这就是一个非常不好的消息，因为即使当时从各种情况分析下来公司的市值过高，但等待投资者纷纷抛售公司的股票仍然是一件非常困难的事情。综合来看，显然对于新手投资者来说，远离这样风险巨大的投资方式才是明智的。

仓位不能太集中

投资者单一股票的仓位不宜过度集中，这里并不是说投资者不应该对自己的持仓保持信心，而是因为股票投资除了可能预见到的风险以外，还会有不可预见的黑天鹅事件。当发生风险事件的时候，持仓越是集中，对于组合业绩的打击也就越大，适度分散持仓有利于降低这类风险带来的亏损幅度。同样的，当投资者做了错误的决策，买入了错误的股票时，仓位过于集中同样会让投资者付出非常惨痛的代价。现实世界中，并不存在永远不犯错的投资者，所以股票投资除了分散持仓以外，单一股票的仓位也不能太高，否则分散的意义荡然无存。

有关联的不投

当投资的公司相互之间有非常紧密的关系时，比如业务往来占比较大、存在比例不容忽视的股权关系等，那么一旦出现某些负面的情况，很可能会出现“一损俱损”的局面。这种情况下，即使把部分资金分散在几家相互关联的公司上，只要这几家公司加起来的仓位过高，同样会出现上一条策略提到的问题。

同行业公司的仓位不能高

上市公司的体量决定了公司的经营情况会在很大程度上受到行业趋势的影响。行业出现问题时，比如发生了行业级别的“黑天鹅”事件，或者有大的政策转向，又或者行业整体下行等情况下，行业内的任意一家公司都很难独善其身。避免股票组合内的同行业公司的仓位过高可以有效减少这种由于行业原因造成的亏损。

上市时间太短的不投

新手投资者应该避免投资刚上市不久的公司。刚上市的公司存在太多未知的问题，公司上市前后受到的监管有巨大差别，公司上市前的财务数据以及经营情况是否会在上市之后具有连续性，需要一段时间才能体现出来，A 股历史上也出现过有些公司上市后经营情况急转而下的情形。另外，公司的管理层和大股东对于上市公司的中小股东的利益持有何种态度也需要一段时间观察，否则同样可能出现公司业绩增长了、但小股东没有分享到任何利益的情况。

从股票投资的实际操作来看，要避免亏损，好的投资心态和策略缺一不可。在两者兼备的情况下，那么“不要亏损”的相对低难度的目标就变得容易实现了，即使缺乏优秀的投资眼光和正向择股的策略，投资的业绩也一样会超过平均水准，甚至是超过大多数投资者。正如查理·芒格说的，坚持不做傻事，而不是努力变成非常聪明的人，长期下来将拥有非凡的优势。

4

如何获取超额收益

能够最大限度地避免亏损，盈利就已经是大概率事件了，但做到这些并不能保证投资者的回报率能够跑赢被动的指数型基金（如沪深 300ETF）。不仅普通投资者不一定能跑赢指数型基金，就连部分主动型基金也可能同样跑不赢指数型基金。2011 年至 2021 年，美股仅有 22% 的主动型基金的年回报率超过标普 500 指数，A 股的主动型基金的收益率超过沪深 300ETF 的比率略高一些。如果指数型基金的回报率已经可以满足投资者的需求，那么投资指数型基金也是一种合适的选择。但是若是投资者想要获取超额的收益、想跑赢指数型基金，那么除了尽可能地避免亏损外，还需要在心态、认知、经验等多方面提升自己，从而逐渐提升自己的投资表现。

4.1 有野心敢盈利

在股票市场摸爬滚打多年的投资者，或者连续经历几次亏损之后的新手，都容易陷入这样一个旋涡里——不敢大幅盈利，略有收益就卖出，盈利时极为胆小，亏损时非常心疼。这样几次投资之后，盈利都是小幅的，亏损却时大时小，那么总体收益一定是非常惨淡的，甚至一直处在亏损之中。

有些投资者也许会这样安慰自己，“我只要在每只股票上赚一两个点就好了”，美其名曰不贪婪。一方面，这部分投资者对于账户总体的收益预期绝不仅限于一两个点，只是寄希望于每只股票上一两个点的收益来滚雪球；另一方面，可能是想通过降低收益来减少风险（单从常规的收益风险曲线来看这样的想法似乎有些道理）。换种容易听懂的说法就是，“我想每天都赚一点钱，然后很少有回撤，总体复利上看（收益）又跑得非常快”。越是这么想，亏损就来得越快。几个点的收益从时间上来说通常一个或者几个交易日就能达成，但短期股价的上涨或下跌的随机性非常强，受到市场情绪的影响很大，在这种情况下，即使把收益预期放得再低也不会降低一丝风险（这里的风险在这类投资者眼里实质上是这么一个或者几个交易日内的股价下跌）。简单来看，短期股价上涨与下跌的概率是五五开，这类投资者还人为地提高了自己的难度，只截取一两个点的收益作为自己盈利的来源。

当然，还有一些进阶的投资者在前两类基础上做了方式上的改进，看上去非常合理，就是在下跌时设置止损点，上涨时设置止盈点。他们还特别强调按原则执行的重要性。对一只股票设置止损点相当于提前对波动投降，这类投资者会辩解说，“这样会避免自己进行错误的投资，及时止损”。如果股价大幅下跌超过了止损点且之后股价再也没有反弹到止损点价格之上，似乎这么做真的可以避免损失。而历史告诉我们，即使是下跌再凶猛的股票也有大幅上涨的时段，那么设置止损点就会错杀相当一部分优秀股票。总体来说，设置止损点会降低胜率，同时对于止损这件事来说标准过于严苛，合理的止损应该是认识到自己的投资错误之后的卖出行为。

而止盈点的设置就更加没有道理了，相当于机械地给自己单只股票的盈利上限设置一个人为的障碍。每只股票的上涨幅度或者说空间都应该是因股而异的，统一的止盈点设置只会减少自己的盈利。

看似合理的设置止损点和止盈点并不是好的投资策略，反映出来的是因为缺乏对个股深入的研究而缺失投资信心。上涨不知道为何上涨，能涨多少；下跌不知道为何下跌，会跌多少。

敢盈利，敢大幅盈利

一个股票组合的收益率往往是由组合内的几只大

幅盈利的股票决定的，在组合内的股票已经相对分散的情形下，在某一时间段总归会有少数几只股票处于涨幅很小或者亏损的状态下，组合整体的收益率实际上是由某几只大幅上涨的股票推动的，组合内的股票整体平均涨幅接近的情形几乎是不太可能出现的。如果由结果倒推过程的话，那么想要获取超额的收益，就必须选中几只可以大幅盈利的股票，并且在上涨的过程中持有它们，而不是在波动中轻易就卖出。

很多投资者敢盈利却又总是在一些大牛股上早早下车，不敢多盈利。“想赚钱却不敢多赚钱”这看似荒谬的事情却又大概率地发生在很多投资者身上。究其原因可能有如下几种：从来没有在某只股票上获得过超高收益，从此认定超高收益和自己无关；一定幅度的上涨后总会伴随下跌调整，下跌时那种得而复失的挫败感（有研究表明，同幅度的下跌带来的痛苦会比上涨带来的欢愉强烈好几倍）让其选择早早落袋为安；对于所买的股票没有足够清楚的认知，对股票估值与当前市值是否匹配不清楚，所以卖出本该继续持有的股票。

稍有盈利就卖出，对于股票投资来说不是谨慎，而是鲁莽。盈利不多就卖出可以解读出投资者对于这只股票盈利空间的预期是不大的，这意味着投资者认知中投资这只股票的赔率是不高的，那么胜率呢？或者说确定性呢？对于未来的预测不可能做到精准，如果预测的上涨空间不大，那么稍微有一些现实上的偏差，上涨这个事情就会变得不确定。比如，预测某家公司明年净利润增长 10%，那么现实稍有不及预期就可能是净利润没有增长。降低了赔率，胜率又没有提高，那么投资这样一只股价上涨空间不大的股票就属于不太明智的选择。

要赚就要赚大的。

大幅盈利才安全

什么情况下会大幅盈利呢？股票从被低估上涨到合理或者略高的估值；股票的成长超出预期，股价随着业绩的上涨而大幅增长；这两者兼而有之的戴维斯双击。

无论是上述何种情况，股票当前的市值都远低于实际应有的价值，这样的股票除了上涨空间巨大以外通常还具备另一个优点，那就是由低估带来的安全性，低估本身就说明市场当下并不待见这只股票，那么低估就已经挤掉了大部分的估值泡沫，股价下跌的可能性就相对较小。

虽然投资者的认知时常会出现错误，但以发现具有很大上涨空间的低估股票为主要投资方式，和以发现有一些涨幅的股票为主要投资方式相比，明显前者的胜率和赔率都要更高。投资一些自己都认为上涨空间有限的股票实际上是在给自己的投资增加难度，甚至就是某些投资者主要的亏损来源。

有大风险也有大收益的买卖

有些时候市场上会出现一些风险高的股票，但潜在的收益相当巨大。有困境逆转的公司，有彻底转型的公司。历史上就有过很多次这样的投资机会，抓住了就会获得非常丰厚的回报。比如塑化剂风波中的茅台，又比如彻底转型的杉杉股份，这两个股票在事件明朗以后都取得了大幅度的上涨。

但这类型的投资能否参与，取决于投资者是否有把握降低风险。降低风险的方式主要是周边信息的获取和梳理以及对于事情未来趋势的判断，非有一定的把握，即使是再好的机会也还是放弃较为明智。

沃伦·巴菲特的1英尺[①]栏杆

沃伦·巴菲特说："在投资方面我们之所以做得非常成功，是因为我们全神贯注于寻找我们可以轻松跨越的1英尺栏杆，而避开那些我们没有能力跨越的7英尺栏杆。"

---

① 1英尺= 30.48厘米。

具备很大上涨空间的股票投资机会有很多，我们应该去投资那些自己更有把握、更容易看懂的机会，而不是把投资看成一种智力挑战，更何况在股票市场上很多时候跨越 1 英尺栏杆的回报并不比 7 英尺的低。

要获取超额收益，就要去寻找确定性强且有很大上涨空间的股票，当然这个确定性如何判断是需要投入精力去做的。这个市场上并不存在那种不花精力就获得收益的股票品种，所以努力成为一个做好准备、敢于大幅盈利的野心家吧！

4.2 勤奋还是偷懒

⇧⬇ 拒绝做勤奋的短线盯盘者

做过短线交易的投资者一定都有过盯盘的经历，上午一开盘就盯着股价直到中午休息，草草吃过午饭又等待着下午开盘，直到过了收盘时间才感觉紧绷的神经有了放松的时间。短短几个小时的时间，那种紧张兴奋的情绪仿佛可以透支一天的精力。短线交易买入卖出的，交易之前要等合适的买卖点，交易之后还要看股价走势，若是股价走势如心中所愿倒还罢了，若是走势不如愿，可能会产生懊恼、悔恨的心情影响决策。然而短线交易做到买在近期低点附近，卖在近期高点附近有多困难，相信不用我多描述了，做过几次交易的投资者基本都深有体会。那么这种看上去“锱铢必较”的投入有必要吗？如果是短线交易，除非有重大消息或者游资大量介入，否则仅靠几个交易日想产生很大的收益，是不太可能的。所以掌握买卖股票的交易技巧成了短线投资的重头戏。

那么，如此大费周章地盯盘交易，单次短线交易的收益是否可观呢？短线交易又有多少胜率？根据大量的统计与研究得出，高频交易的散户总体上以亏损为主，且亏损的比率还很高，可以说绝大部分短线交易的散户是赚不到什么钱的。如此劳心劳力的交易，换来的是以亏损居多的结局，短线交易投入的精力和情绪与最终收益严重不符。可能有的投资者也曾在某几次短线交易中收获了不错的盈利，但投资是讲究总体收益的事情，如果总账是亏损的，那么少数几次的盈利再多也弥补不了更多次的亏损。

这种全情投入在短线交易中是可以避免的吗？结论是基本上不能，因为短线本身就意味着频繁的交易，短期的收益极大程度上取决于交易的时机。投入精力看股价走势的短线交易还会带来心理上的无形压力。无论是场内因素带来的，还是场外因素导致的情绪波动，都有可能会影响交易的决策。我曾看到过一篇心理学的报告，对其中的结论至今记忆深刻。报告中指出，投资者在情绪高涨时或者说乐观时总是更多地看涨股价，也能更好地应对股价短时间的下挫，而在情绪低落或者说悲观时则更容易看跌股价，也会出现更保守的交易行为。那么是不是一味乐观就好呢？并不是。虽然悲观的投资者会失去很多盈利的机会，但更容易躲避一些短期的大跌。这里我想探讨的并不是情绪对于交易成绩的影响，而是想指出情绪在短线交易的决策过程中扮演了重要的角色，先不论这个角色是正面或者负面的，光这个重要程度就足以让短线交易的结果扑朔迷离，不受策略或者其他理性判断的控制。这是短线交易无法避免的事情。

做短线交易可以偷懒吗

可能有的投资者会认为短线交易可以不用看基本面，不用看财报，不用看行业形势，认为短线交易对于所投公司的筛选标准不用那么严格，只要基本面大体合格，股价走势符合自己短线择股的标准即可，几天时间内基本面也不会有多大变化。实际上短线交易吃亏就吃亏在投资者对于公司的信息了解不多，而长期投资者则对于公司的信息非常熟悉，对这些消息要释放的信号都有预期。比如公司的股东中突然有一个机构公布减持计划，对于长期跟踪、观察公司的投资者来说，他们知道这个机构不是第一次减持，所以不会过多关注此次减持带来的股价波动。又或者一个公司的上游原材料涨价了，将会影响公司短期的毛利率，对于这些问题长期投资者基本也能预见到。但短线投资者一般不能预见这些看似突然的消息，这些消息恰恰可能给短线投资者带来毁灭性的打击，降低短线交易的收益率。另外，短线交易如此频繁地更换股票，又如何有足够的时间和精力来把调研一只只股票的功课完成好呢？

短线交易势必会出现高频交易的一个缺点：不可忽视的摩擦成本。假设仅考虑佣金与印花税，其中印花税是单向收费，固定为千分之一，假设佣金为万分之二点五，买卖双向收取。比如一个投资者每月买卖 4 个回合，一年的摩擦成本即为（0.025% × 2 × 4+0.1% × 4）× 12=7.2%。可以看到平均每周完成一次全部资金的调仓，一年的交易成本就已经高达 7.2%，很多短线投资者的交易频率恐怕远远高于这个假设，付出的税费成本更高。

我并非要否定所有的短线交易，上述的言论针对的是调研能力不足的主观的短线交易方式。那到底存不存在能赚钱的可靠的短线交易方式呢？答案是肯定的。这几年市场上发展得火热的量化基金中就有一部分是以短线交易为主体策略的。这类型机构的盈利基础在于足够分散的组合投资、严格的策略执行与程序化的自动交易，买与卖的交易原则是由已经定下的策略决定的，不掺杂个人情绪，足够分散的组合又提高了投资的容错率，几个标的的投资失败不会影响整体的收益。有的散户会认为，同样是看线，为什么这些量化基金的业绩更好呢？量化基金的投资决策是从多条策略中总结出来的，而策略本身覆盖的除了常规短线投资者关心的走势、量能、大盘等外，还会纳入可以量化的基本面因子，乃至大宗商品、汇率、整体经济形势的考量，并不单一看线。另外，市场上的量化基金交易以中低频为主，资金体量越大换手频率越低，总体上虽然比主观基金的换手频率高，但也并非都是激进的短线投资风格。

支持量化交易所需要的资金体量、策略水平和支持的技术水平与设施都不是一般散户具备的。那么有什么“偷懒”的投资方式是普通投资者可以采用的呢？

其实答案在第三章已经提到过，那就是在单个投资目标上争取更高的收益，减少交易的频次，保持一定数量的股票组成的投资组合。当然这意味着对于单只股票的研究会超出短线交易时对于单只股票的投入程度。只有足够了解组合中的这几只股票，才会有信心持有这些股票并获取丰厚的回报。

那么这还能算是偷懒吗？严格意义上来说，这并不算是偷懒，毕竟对于单只股票的深入研究需要花费的精力是巨大的，公司本身的经营发展历史、当前状况、行业的竞争格局、行业发展的方向等多维度的信息需要投资者来进行梳理与分析，然后才能给出一个定性的结论，即该公司是否真的值得投资。而且在持有的期间需要持续跟踪公司的经营情况、行业的发展情况，来佐证自己的判断，或者观察公司的发展是否与预期相符。从这个层面来看，不但没有任何偷懒，反而是投入了更多。但与前面那种主观的短线交易方式相比，可能这种做法更为合理，因为这种做法去掉了一些不必要的干扰，将精力更多地投入真正影响收益的地方。换一个角度看，虽然对单只股票的精力投入得更多了，但是由于总体需要研究的股票数量大大减少，总体的研究精力成本反而是下降的，而且持股过程中并不需要关心股价短期的走势，天然规避了场内外情绪的相互影响，让投资回归投资行为本身。基本去掉了情绪的干扰，在同样的精力投入水平下，投资者本身的心态会更加健康，收益自然也会“水涨船高”。

这种方式还有一个潜在的好处在于，投资过程中所做的调研功课并不是一种浪费，即使有些股票在研究后没有被选为投资标的。对多只股票进行深入研究之后，投资者本人会在将来的投资行为中更容易读懂一些相关行业的公司，甚至不相关行业但商业模式相近的公司。而且，有助于投资者发现一些潜在的市场机会，随着调研经验的丰富，发现合适的投资标的所需投入的精力和时间都会大大减少。这是短线交易潦草看完一家公司所不具备的优势。

到底是选择勤奋方式还是偷懒方式，取决于你自己。建立一个多只股票的中长线投资组合却也不做深入的研究分析，那同样是将收益交给运气来决定。聪明的投资者会将精力放在合适的地方，不去回避一些重要的“脏活”“累活”。

4.3 有耐心有格局

对于投资者来说，比买入或者卖出更难的是什么都不做。沃伦·巴菲特曾说：

“当没有事需要做的时候不要做任何事。”

“做对事会让你有回报，而不是做得多。”

怎么理解这两句话呢？很多投资者倾向于做出一些交易动作，买入也好卖出也好，加仓也好减仓也好，来缓解某些时候自己莫名的压力，似乎投资这件事本身在持有阶段会让他们无所适从，不得不做点什么来显示自己有产出。有交易动作必然有相应的触发点，或是看到了什么财经新闻心中有了起伏，或是股票的走势激起了交易的冲动，大多数情形是在不应该有所动作的时候，很多投资者沉不住气。一些投资者不能保持耐心长期持有，另一些投资者追涨杀跌，眼里只有波段的收益却错失了长期的收益。

大部分人难以抗拒波动带来的影响，趋利避害是人的天性，很难克制。所以股市里的投资者，特别是新手，特别容易走上一条追涨杀跌的歧路。而股市里股价的走势也没有太多规律可归纳，而且，股价走势总是会给人一些错觉：短期涨不上去了，该调整了，调整得差不多了，应该还有一个更好的买点等。错觉是一回事，贪婪是另一回事，有些投资者在明明确定股价未来会继续上涨，仍旧难以接受股价短期的大幅回调，会选择进行波段上的交易行为，可能出发点是避开下跌段，等到合适的价位再次买入，但实际的行为是贪婪地想要吃到波段里每一段上涨的收益。这可能做到吗？大多数的情况可能是，股价涨了自己的收益没涨，或是被甩下车，或是波段操作不当反而亏损了部分收益。人的自知之明会在这种情形下一次次地失灵，有些投资者的亏损模式甚至都是一模一样的。

什么都不做，实际上比想象得难很多。

如何克服这种趋利避害的天性呢？无外乎这八个字——“放低预期，分析利弊”。前面我说过要敢于大幅盈利，要找股价上涨空间大的股票，那么这里提出要放低预期是不是二者相互矛盾呢？其实不然，这里要放低的预期并不是股价上涨空间的预期，而是股价上涨过程曲折程度的预期。从一开始买入时就做好心理准备，股价上涨的过程不会是一帆风顺的，几乎所有股价的长期上涨过程中都伴随着大大小小无数次的下跌，尤其是长期上涨幅度巨大的，过程中更是容易经历几次较大幅度的下跌，例如苹果、茅台。有了这样的预期，那么持股时遇到股价大幅波动时心态就容易保持平稳，毕竟这都是之前内心就演化过的事情。另外，我们在一只股票上寻求的是股价长期上涨的收益，而不是股价长期上涨的收益叠加上其中几次波段的收益。如果选择的股票股价有足够的上升空间，那么这个空间本身就已经足够满足我们对收益的期待，再去考虑高抛低吸地操作几次波段并不会大幅地影响这只股票的总体收益；相反，这样做反而会将我们重新拉回到需要时刻关注短期股价走势的泥潭里，那么情绪的影响可能让我们做出错误的决策，乃至中途由于股价走势的影响而对股票价值的判断出了问题。有了对收益空间和过程的预期，那么持股的时候就可以更多地关注股票对应的公司和行业本身，而不是股价和股市里的资金流向。

持股时心态最容易不稳的时候是股价下跌时，或者害怕将会到来的股价下跌。股价下跌会对持股时的我们有什么实质性的损害吗？如果不是买入时的判断有错或者持有时公司有了重大的负面变化，那么股价的暂时下跌对我们来说不会有什么实质性的损害，我们应该什么都不做。因为我们对股价的期望是长期上涨，短期的下跌也好，上涨后的回调也罢，都只是过程中的一些正常现象。如果说有什么可以操作的话，那就是有富余资金时再买入一些。你看好的股票价格下跌了，它所存在的风险比它没有跌之前要小，因为它的可投资价值上升了，从这个角度来看，除了会有一线短线资金的离场，整个下跌的过程对我们造不成影响。

抱着股价有很大的上涨空间的预期，保持做对事而不是多做事的原则，就叫作持股有耐心。看淡短期股价的涨跌，不被波段的收益吸引，把股价的上升下跌当成正常的市场现象，追求组合中股票总体的长期收益，这样的投资者是有格局的投资者。

不争朝夕之功，但求长远之利。股票市场上不乏短期翻倍、短短几年获利数十倍的投资者，但把时间拉长一些，前面这些投资者就泯然众人了。股票投资的历史长河里，跨度超过十年、年化收益率超过 20% 的投资者寥寥无几。所以放下对短期收益的执念吧，最终我们追求的是长期的可持续盈利，做一个有耐心、有格局的投资者。

4.4 信息差与预期差

前面三节都在说投资的心态，这一节开始我们聊聊具体如何找到能获取超额收益的股票吧，不然心态再好选了错误的股票照样是不太可能赚得到钱的。

股价为何涨

先从股价长期为什么会涨聊吧。股价短期的涨跌受情绪、资金面影响较大，那么长期呢？这是个看上去非常简单的问题，但实际上是个复杂到每个人所得出的答案都不同的问题，而不同的答案也就决定了投资者不同的投资理念和风格。

有人认为，股价（长期）上涨是因为原先过于低估，偏离内在价值太多，现在不过是正常的均值回归。至于低估的原因可能各种各样，如市场流动性的紧缺、负面新闻的影响、市场资金的偏好等。种种低估原因也会催生出不同的投资策略，比如本杰明·格雷厄姆的“烟蒂股”投资策略，股价相对于内在价值折价足够多，那么即使不去关心企业的成长、治理等因素，这类股票在他看来也是值得投资的，股票组合足够分散的情形下，有那么几只“烟蒂股”的估值回升了，总体的投资收益也就变得可观了。这种策略在流动性较差的时期，比如美国20世纪30年代的大萧条时期，是十分有用的。2021年，港股市场上也有许多折价不少的股票，有些股票的估值甚至到了历史性的低位。估值低、流动性差可以与本杰明·格雷厄姆所处的年代相提并论，相信执行本杰明·格雷厄姆分散投资“烟蒂股”策略的投资者会在之后的几年里获得不错的回报。有些人则会在伟大的公司出现看似重大实则不伤筋骨的危机时买入，这个时候的折价或者低估来源于短期情绪的发酵。最经典的案例莫过于塑化剂事件和取消“三公”消费后的茅台。

有人认为，股价（长期）上涨主要来源于企业盈利的累积，是净资产的增长。10元股价的公司，每年每股收益固定是1元，不考虑其他因素的话，每年每股就是会增长1元的价值，在估值水平没有发生大变化的情况下，股价也会随之增长。如果公司把部分利润用来回购注销股票，那么每股的收益会提高；如果公司决定分红，那么无论分红是否用来再买入更多该公司的股票，投入同等资金的收益会提高。不管是哪一种情况，公司的股票都会变得更有投资价值，那么在估值水平差不多的情况下，股价会增长。有这种认知的投资者会倾向于将经营情况稳定、股息高的股票作为投资目标，甚至在极端的情况下都不需要股价有所上涨，仅仅分红带来的收益（或者加上分红再投入的收益）就已经非常丰厚了。

有人认为，股价（长期）上涨主要依靠企业的成长（净利润的增长），在估值水平变化不大的情况下，企业的成长会不断消化企业估值的增幅，使得企业在估值水平没有大幅变化的情况下股价上涨。这种理念最早来自成长股之父菲利普·费雪，他特别重视公司的产业前景、业务、管理及盈利增长能力，他认为超额收益来自投资那些潜力在平均水平之上的公司、投资那些愿意重视研发和营销的卓越管理层所领导的公司。费雪曾说过，不要只顾持有很多股票，只有最好的股票才值得买。这与前一段提到的本杰明·格雷厄姆的投资策略有较大的出入。不同的认知会带来截然不同的投资策略与结果。伟大的公司不常有，所以费雪也不赞同过于分散持股，如果过度分散化，势必造成投资者买入许多了解不充分的公司的股票，这样的结果可能比集中持股还要危险。这类投资者通常十分有耐心，选股票的标准非常高，如果选中了伟大的成长型公司，那么超额收益势必也会变得容易实现。

有人认为，股价（长期）上涨更多依赖于对企业的估值重构，这个想法一定程度上与前文提到的第一种想法类似。举个例子，全球最大的芯片代工厂之一台积电。且不论这家公司这些年的盈利增长，单是来看一下人们对它的看法的转变。曾经，人们对代工厂有技术门槛低、劳动密集的印象，即使是芯片行业的代工厂也不例外。过去很长一段时间，台积电的估值始终在 10 倍到 15 倍市盈率水平附近。但随着时间的推移，特别是中美贸易摩擦后，人们开始认识到先进的制程工艺也是有着较高的技术门槛的，高端芯片供不应求。作为代工厂的台积电甚至有了可以挑选客户的资本，同时领先的制程工艺也让客户离不开它。对于它的认知的巨大转变使得台积电的估值上升到了30倍市盈率水平。它的股价上涨明显，2015年台积电的净利润为96.7亿美元，2020年净利润约为176亿美元，增长了不到1倍，股价却从2015年的20美元增长到了2020年的120美元左右。显然可以推导出这几年的股价涨幅更多地受益于对于企业的估值重构。

信息差距

前文这些对于股价上涨问题的答案见仁见智，但股价上涨总是需要一个过程的。这个过程可以归结为一句话："更多的资金加入做多的人群中。"股价长期上涨可以说是做多的资金逐渐汇集的一个过程。即使同样是看多的投资者也会有先来后到，买入的时间和股价会有很大的差距。造成这种差距的原因我认为是信息的差距。这里所说的差距是全方位的，包括信息获取的差距、信息分析的差距、信息边界的差距。

互联网的时代让信息获取变得简单，一些懒散的投资者甚至会认为这些公开的信息没有太多价值，即使有价值也早就反映在股价中了。许多投资者会留意上市公司的财报和公告，也会看关于公司的新闻报道，但实际上可以影响投资结果的信息还有很多：看行业的相关信息可以了解行业未来的前景和竞争态势，看公司核心技术和正在研发中的技术的相关资料可以对公司的竞争优势与发展方向有更清楚的认知，在生物医药领域对创新药的进度跟踪甚至是决定投资收益的最重要的信息，看相关政策和法规可以了解国家或者地方对行业的规划等。对于信息的获取差距可以说是投资者之间最基础的差距，这是通过投入精力即可获得改变的部分，相对简单但枯燥。所有后续有关信息的差距都以此为根基，后续信息分析差距、信息边界差距通常更体现投资者间的水平差距，但影响都不及这最基础的信息获取差距来得大。投资者是通过“信息＋合理的推断”来拼凑未来前景的，信息越多，推断可以越少，而且可以越准确。完整的未来前景就好似一幅拼图，信息是其中已经拼成的部分，而剩下残缺的部分需要推断去填满，每多一些已经拼成的拼图，需要推断的拼图就会减少，难度就会下降很多。

面对同样的信息，不同的人会分析出截然不同的结论，这里既包含了乐观与悲观的差别，也包括了短期与长期的矛盾。且不论乐观、悲观的影响，光是长期利益与短期利益的矛盾就足以让很多投资者对股票投资做出完全相反的决策。“要着眼于长期利益”这句话简单易理解，但执行起来有非常大的难度，甚至是企业治理上最难做的一件事。因为眼前的利益都是非常真切的，而长期的事情就显得比较缥缈了，要做出有利于公司长期发展的决策很难，其中还涉及股东之间的利益分配。公司的决策层尚且如此，更不要提二级市场的投资者了。很多投资者都只能欣赏企业近期的增长，只要财务报表好看，其他的都好像不太重要了一般，所以股票市场上，“唯营收论”“唯净利论”十分盛行。另外，投资者的分析能力的差别会导致推导出同一个结论所需要的信息量的差别，有些投资者可以在只有几个关键信息的情况下做出合理的判断，另一些投资者则需要大量其他的信息佐证才能推导出同样的结论。其他影响分析结果的因素还有很多，在此就不一一举例了。通常这个步骤是导致投资者做出不同投资决策的决定性环节，后面会详细说明如何在这个步骤上找到可以赚取超额收益的股票。

上到宏观的货币政策，下到具体某个产品的功能参数，都可能影响一家公司未来的经营情况。要预测一家公司未来股价的走势，需要的信息近乎无穷尽。但投资者的认知是有边界的，并非所有信息都可以被投资者充分吸收和利用。举个例子，一则工程招标公告，对于投资者甲来说可能仅仅是一则普通的新闻；而投资者乙则可以从这则公告中推演出许多事情，如工程的范围，对于规划的意义，哪个地块有可能会升值等。甚至于某个非常微小的信息也可能会造成巨大的结果差异，如同蝴蝶效应一般。这就是所谓投资者对于某只股票的信息边界的差距。

基于以上种种信息差距，同样看多一只股票的投资者也就会在不同的时间买入。再加上投资者自身的投资理念的差距，部分人会在事情初现端倪的时候就做出判断，而部分人则会谨慎许多。股票就是在这样一种异步的共识建立过程中涨起来的。

认知和预期的差距

既然知晓了股价为什么长期会涨，也了解了股价上涨的过程，那么如何才能找到那些未来股价会大幅上涨的股票呢？简单来说就是：你要比别人懂得多，要跟别人懂的不一样，要比别人懂得早。

比别人懂得多，就是要在股票的信息上取得优势，寻找那些自己可以比别人更了解、更容易读懂的股票。沃伦·巴菲特和查理·芒格的投资理念里有一个核心的概念，就是能力圈。能力圈就是知道什么是对的事，并有能力把事做对的范围。建立自己的能力圈，并且认清自己的能力边界是非常重要的。投资并不是挑战，对于自己看不懂的股票就要避开，应该去寻找对别人来说很难看懂、对自己来说要看懂相对容易的股票，建立起不对称的认知优势。能力优势是相对的概念，投资需要找自己比别人更懂的领域。当然，通过继续学习，能力圈是可以拓展的，但千万不要盲目自信，能力圈的深度比广度更重要。股票投资中，在 90% 的领域战胜 50% 的对手，不如在 1% 的领域战胜 90% 的对手。

光是比别人懂得多还不足以让你赚取超额的收益，如果你很了解一家公司，但得出的结论与不甚了解这家公司的投资者得出的完全一致，那么这个时候你就不应该买入这家公司的股票，因为你分析出来的结论与普罗大众得出的无异。只有当你发现你对于某只股票有独特见解，与大部分投资者的不同时，这只股票才具有足够的投资价值。因为大众与你的预期不同，那么你与市场对于这只股票价值的认知才会有足够大的差距，正因如此，才会让你有可能在一个便宜或者合适的价格买入一只潜力巨大的股票。对于一只股票，大家的看法趋同时，那么可能这里面已经没有多少可大幅增长的空间了。那么，如何知道自己与市场上的大部分投资者对于一只股票的认知和预期有巨大的差异呢？最直观且有效的方式就是看自己对于这只股票的估值与当前市值的差距。

在股票投资过程中，总是会有越来越多的投资者跟你一样“懂了”。那么，越是想要获取超额收益，就越需要在更早的时候，懂的人更少的时候，读懂一只股票并买入。你不需要战胜所有人，但你战胜的人越多，你的收益也就越显著。有些投资者会在意在左侧还是右侧买入，认为有时候过早地看好一只股票可能会有很长一段时期的下跌过程，不如在趋势明确后在右侧买入。看上去似乎并不是懂得早、买入早，盈利就多，其实我们关注的核心是当前市值是否有吸引力。更早地读懂一只股票并不意味着必须马上买入，在自己认为合适或者低估的价格时买入即可，至于这个时候到底处于股价的哪种趋势，就交给概率吧。满足于股价长期的增长就可以忽视眼前短期的波动趋势。

4.5 寻找预期差距

了解了股价长期上涨的过程，也总结出了获取超额收益的可能行之有效的路线，接下来就是将路线中的具体步骤进一步细化，形成一套投资者自己可以实际操作的选股策略。上节末尾提到的最具有难度的就是寻找与大众有预期差的股票，这里的预期差并不是指短期的股价博弈，而是指对企业长期发展的预期上的差距。寻找预期差距很难，但其在投资上的价值不可估量。

预期差距的价值

本杰明·格雷厄姆在《证券分析》一书中提到，有三个影响股票价格的因素。第一个是市场因素，里面包含技术指标、人为对股价的操控、参与者的心理变化。第二个是未来价值的因素，包含公司的管理层和声誉、公司的未来竞争力和发展前景以及公司产品的价格、销量和成本等变化。第三个是内在价值因素，这一部分包含公司盈利、股息分红、资产价值等。简单概括就是，股价是由三方面决定的：市场、预期和内在价值。

在《聪明的投资者》中，本杰明·格雷厄姆主要讲述的一种投资方法是让投资者去衡量股票的内在价值与市值的差距，通过买入内在价值显著超过市值的低估股票来获取盈利。刚开始的价值投资的定义即是这种寻找低估股票的投资方式，也被称为“烟蒂股”投资。“烟蒂股”投资在股价的三因素里是不考虑市场的，核心点落在了内在价值这一块。对于预期，本杰明·格雷厄姆认为这一点对于许多投资者来说太难了，在他讲述的这种投资方法中，预期并不是关注的重点。自《聪明的投资者》出版以来，价值投资的理论有了长足的发展，成长股的价值投资成了当今投资市场的主流。费雪、查理·芒格、沃伦·巴菲特、彼得·林奇等投资大师让大众投资者明白了股票投资中企业成长的巨大力量。这种既注重企业的内在价值，又特别关注企业未来发展（预期）的投资方式，可以理解为成长型的价值投资。成长投资和价值投资的区别主要指：成长投资既考虑预期又考虑内在价值，核心在于企业未来的价值，获取收益的主要来源是企业的业绩增长；而价值投资的重点是内在价值，但是会适当地考虑企业的未来发展，获取收益的主要来源是股票估值的回升。这种发展后的价值投资可以看作"烟蒂股"投资方式的延伸。

从股票投资的历史来看，成长型的价值投资会成为长期投资方式中的主流是经过了市场长期的验证的。其背后的本质原因现在看来也是非常明晰的。传统的价值投资虽然可能获得估值回升后的利润，但一旦企业发展遇到问题或者开始滑坡，企业的经营和资产价值可能会在很短的时间内发生巨大的变化，导致一开始估算的企业内在价值在短时间内大幅下滑。这种来自预期的风险巨大，会导致买入时对于内在价值的考虑不再那么重要了，可以说价值投资中内在价值是核心，但预期对于收益的影响同等重大，如果还不能说更加重大的话。而成长型的价值投资，影响价格因素的预期本就是考虑的重点。综上，长期投资中，预期可以说是获取超额收益的关键。股票估值中不可能将未来所有时间企业的盈利都考虑进去，通常的做法是会考虑企业五年到十年乃至二十年的价值折现，那么当你谈论预期时，一定是投资者对于个股的预期远大于市场当前股价对于预期的反映，也就是我们前面说的预期差距，只有预期差距巨大时，个股才具有相当的投资价值。

投资者都知道成长股好，市场对于成长股的估值也肯定会在内在价值的基础上加上许多对于未来价值的折现，那么如何才能找到具有预期差距的成长股呢?

预期差距的投资视角

寻找预期差距的投资方式，其实也可以称为逆向投资。有一些投资者会认为这种投资方式就是去看冷门的、其他投资者不看的，甚至是专门挖掘冷门行业里的冷门股、小盘股，又或者是在热门股或者热门行业遇到转折点时选择与大众投资者完全相反的方向才算是逆向投资。对于这些看法，我完全不认同。

逆向投资的核心是以不同于常规的思维方式或者说更接近本质的视角去分析问题、解读问题，然后找到存在预期差距的股票。至于这个方式找到的股票热不热门，并不是这种投资方式需要去考虑的。即使是非常热门的股票，也可能存在预期差距，足够让逆向投资者做出买入的决定。比如沃伦·巴菲特原先一直不怎么投资科技股，因为他认为自己看不懂这类型的股票，但他在2016年之后大量买入了苹果公司的股票，他认为"消费者对于智能机价格的敏感度可能并不像对家具那样。这就意味着，即便消费者面临着更为廉价的替代手机时，他们也会花700美元购买一部苹果手机"，他是以消费类股票的视角来分析和看待苹果公司的股票的。2016年，苹果公司的股票绝对是热门股之一，但沃伦·巴菲特选择用消费股的视角切入，看到了可能更加接近本质的那一面，并最终据此做出了投资决策。

预期差距的可能来源

在寻找预期差距的投资过程中，可切入的视角有很多，但这些视角可能只是针对某一只股票有用而无法拓展到其他股票。不过我也总结了一些可以帮助找到预期差距的常规思路，且这些思路不会过时。这些常规的思路可以持续奏效的原因来自这样一个现象：人们总是高估短期的变化，而低估长期的变化。人们对于未来的预测会有很多偏差，因为无论是技术还是商业的发展，都不是遵循一条特定的路线的，而且发展本身也不完全取决于技术上的可能性，还要考虑需求。某个业态能不能存在，取决于技术和需求两方面能不能支撑这种业态。

正因为这些复杂的因素，长期的预测很多时候会出现偏差。对于投资者来说，天马行空地预测未来业态并不是我们需要的，也不会给我们的投资带来任何实质性的帮助。我们需要利用的是大众对于某些可预测的长期发展方向上的错误估计，主要是对于某类业务或者某项技术发展的低估。突破性的技术革命或者全新的商业模式可能蕴含着非常大的投资机会，但它们通常是无法预测的，也就谈不上存在预期差距。我们寻找的被低估的预期往往来源于技术量变引起的质变、科技发展、基础设施普及率的上升、产业效率持续提升带来的拐点等，这些因素导致新的业态出现，或者原来的业务扩容，这些是投资者可以利用的机会。

例如，沃伦·巴菲特、李录买入比亚迪的股票考虑的是比亚迪所经营的动力电池与新能源汽车业务会随着技术的提升带来业务的大规模扩容。在 2010 年之前，尽管汽车市场已经出现了一些新能源的汽车车型（包括商用汽车），但当时大众对于新能源汽车特别是纯电动汽车的预期是明显低估的，认为很长时间内新能源汽车在乘用车的市场份额可能会保持在一个非常低的水平上，但现实是 2021 年全年新能源汽车的渗透率为 14.8%，较 2020 年提升 9 个百分点，且基本呈现逐月提升的势头。变化来得非常之快，甚至超过了很多非常乐观的估计。在新能源汽车发展的过程中，相关行业出现的投资机会的数量也是非常惊人的，仅动力电池行业的上下游，从锂矿、电池正负极、隔膜、电池制造设备和组装设备到电池制造就出现了很多投资机会。

又如，多点触控技术从 1982 年诞生发展至 2007 年终于出现了应用此项技术最重要的产品——苹果公司的第一代 iPhone，开启了智能手机的全新时代。当然对于投资者来说，我们不需要从 1982 年就开始关注这种技术，更何况 iPhone 的诞生也有电子元器件的效率和散热能力的提升等其他技术发展的因素。投资者应该关心的是这项关键的技术发展到了某个时间节点后创造出了以触摸屏多点交互形式为主的智能手机，由此产生了很多投资机会。手机的触摸屏、摄像头、电池、移动芯片等一系列相关产业，在 2007 年之后的好几年都还存在着非常多的投资机会。

再如，自动辅助驾驶技术在汽车领域的普及。不管是传统的以燃油为主的汽车还是新能源汽车，都在一定程度上开始应用自动驾驶技术，尽管目前该项技术还只是停留在L2级别的部分自动驾驶水平，但在封闭道路上的可用率已经可以满足许多日常辅助驾驶的需求，慢慢被消费者和汽车厂商接纳。2016年，美国国家公路交通安全管理局就提出了自动驾驶的等级分类系统，但当时市场对于这项技术还存在非常多的争议，且以质疑为主，即使是支持这项技术的投资者也是持着非常保守的预期。短短几年时间，从技术发展的角度来看，自动驾驶的技术并没有进步到L4、L5级别；但是，从消费者市场和股票市场来看，与之相关的产业几乎都进入了一个快速发展的通道。激光雷达、车用摄像头、自动驾驶芯片等行业都涌现出了一批非常优秀的公司，其中有许多公司原先就从事相关领域，自动驾驶对于这些公司的产品来说是一种新的业务应用场景，比较典型的如英伟达等。

除了以技术进步为主的产业扩容，光伏行业的发展更多的是产业效率的提升带来的质变。光伏行业一开始的发展主要是由政策补贴驱动的，光伏制造的上下游本身的度电成本过高，基本上覆盖不了成本，高度依赖补贴。之后，欧洲各国的补贴大幅退坡，中国的补贴政策也在随后的几年开始退坡，光伏行业进入了经济性增强驱动的阶段。过去十年光伏行业全产业链的主线是转换效率提升、生产效率提升、成本降低，已经逐步实现了与火电发电成本持平甚至低于火电发电成本，在可以预期的几年内，度电成本会进一步下降。在产业效率提升的同时，也将带来未来十年装机量十倍提升的可能。整个行业从一开始的负毛利运行到产生经济效益的拐点出现，再到逐步产生大量效益的可预期未来，仅仅花了十年左右的时间。行业的效率提升是在一年一年地变化的，但很少有投资者可以在早期就预料到这样的巨大变化。同样的变化正在风电行业上演，虽然目前产业效率的提升进度不及光伏行业，但主线方向相同。当下更加吸引投资者的应该是新能源的运营商，上游的设备成本下降带来了价格降低，而电价存在上涨预期，两相作用，新能源运营商的经济效益会倍增，这个也可以算是光伏、风电等行业效率提升的衍生效应。

类似的例子还有很多，一些基础设施的铺设带来的业态变化更是很难观察和预测的，家庭宽带、手机网速的提速以及数字支付的普及等也在默默地改变许多行业，其中可能就有许多存在巨大预期差距的投资机会。长期投资的美妙就在于这样的机会会不断出现，历史总是在不停地上演同样的剧本，就如前面说的，人们还是会一如既往地低估长期变化的力量，而这就是我们获取超额收益的来源。很多投资者的问题在于不相信长久，投资者应把目光放长远，从更长远的角度来预测行业和公司的变化，找到那些其实并没有那么难看透的大概率方向，然后期待这些长期的预期差距被抹平，企业股价成倍增长。这样的过程可难可易，主要是看投资者的理念和心态。

5

从零开始建立投资体系

读再多理论可能也还是难以做好投资这件事，对于新手来说，难度尤甚。许多人读再多股票投资名著，到头来一入市，还是免不了跟随市场的洪流追涨杀跌。“人类从历史中学到的唯一教训，就是人类无法从历史中学到任何教训。”每个人都会告诉自己时代变了，所以之前读过的一些经典论著可能已经不适用了，但用不了几年，人们又开始重读那些经典的论著。从零开始建立投资体系，需要的是一个自我实践、修正的过程。

5.1 从错误开始

人不可能两次踏入同一条河流，但人很难分清是不是同一条河流。大部分新入市的投资者会以短线交易的方式开始自己的投资生涯。一是短期涨幅充满诱惑，市场热点相当诱人，很多人入市后，就将前人的教诲抛诸脑后，忘了投资初心。二是耐心不足，选中某只股票后，很难做到不管股价涨跌，长期持有。随时买卖，马上就有反馈，光是看着红红绿绿的数字，荷尔蒙就会让人躁动，忍不住参与到资本的狂欢中。也有人一开始很克制，学着价值投资的方式买入后便不再去看了，但之后若是亏了或者收益不够理想，很自然地会自我怀疑，之后就又踏入短线交易这条河流。一定程度上甚至可以说，没有短线交易的投资经历是不完整的。

既然如此，那么何不从一开始就尝试短线交易呢？只有亲身体验过，认识才会更加深刻，之后的投资旅程也才会更加踏实。既然是尝试，那么就不要让自己输得头破血流。投入一部分本金和时间，把最开始的投资时段当成试验的阶段，不要过度关心这个阶段的收益，重点在于验证各种投资方式，也从真实的交易和投资行为中感受股市的氛围，也观察自己内心的变化。

真钱换真经验

很多人会把自己的某些策略输入历史股价走势中进行回测，从中选出可能会表现优异的策略，意图通过这样的方式代替真实的试验。这几乎没有什么帮助，过去的历史股价走势基本预测不了未来的股价走势。回测表现突出的策略在实盘中非常有可能表现得一塌糊涂，写过量化策略的投资者基本都有这样的经验。

也有一些投资者在尝试模拟盘交易一段时间以后开始实盘交易，同样败得一塌糊涂，但总比什么准备都没有做直接赤膊上阵的要强上一些。且不论模拟盘交易缺失真实交易的很多细节，模拟盘交易由于没有投入任何资金，盈利和亏损都不过是数字，投资者的内心几乎可以说是毫无波澜的。模拟盘交易会回避掉市场情绪面的影响，甚至投资者对投资这件事也没有认真对待，完全失去了试验的初衷。

那么投入多少资金用于试验比较合理呢？预期可以用来投资的本金的1/5~1/3会是一个比较恰当的数字，并且切勿追加投入资金，此时不考虑补仓，这个阶段我们的目标是试错，不能在尚未取得什么经验的时候就草草地再次投入资金。选择这样一个比例的资金的目的是让投资者有接近真实的投资体验，涨跌不至于不痛不痒，但又不会因为试验而损失惨重。

过程与结果

既然是试验，那么总会有试验的过程和试验的结果。在这个阶段，需要投资者在投资的同时，记录每次投资和交易的细节，不带情绪地、尽量公正客观地把每次的投资过程和盈亏记录下来。交易的细节只是冷冰冰的数字，什么价位买入，什么价位卖出，盈利、亏损情况也如是。这些数字汇聚起来可以用来衡量单个交易策略的胜率和收益情况，在样本量足够的情况下，对照市场大盘或者某些成指的走势，可以在一定程度上衡量某些策略的表现。但在这些最容易记录的数据背后，还有一些更重要的投资过程同样需要记录，如买入标的是通过什么方式筛选出来的，有没有其他备选的标的，又是如何确定买入的价格是否合适的，预期的收益和真实的交易结果的差异如何，卖出的依据是什么等。每笔投资交易背后的过程反映了每次投资的思考过程，在统计和分析数据的同时，复盘自己的投资行为，投资者才会逐步总结经验教训，让自己测试的投资方式也逐步地改进。如果是显而易见的错误投资策略，那么连试验的必要都没有。就是因为相信一些短线交易的策略可能成功，所以才需要这样一个试验过程让投资者自己去体会和衡量。某一个策略如果在试验过程中证明存在缺陷，通过分析、复盘的行为，弥补这些缺陷，修正策略，继续试验，直到自己无法修正策略，抑或是真的找到了可以复制的成功投资策略。

试验期间，千万不要去计算那些没有真实做出的“假如”的交易可能带来的收益。许多投资者会在投资后发出这样的感慨，“为什么当初我选择了这只股票，要是选另一只，现在已经大赚特赚了”，或者是“当时想买某某股票的，后来因为各种原因耽误了，当时买进的话就好了”，又或者是“当时应该多买一点的”……这些“假如”的投资对于试验来说一点价值都没有，即使作为对比记录下来也只有负面的作用，根本就没有做出过的投资行为没有参考价值。何况，很多投资者只会记得这些“假如”的股票赚钱的情况，不会记得这些“假如”的股票亏损的情况。对于他们来说，错失盈利是一时失手，避免亏损是英明神武。

也有一些投资者会在简单几次交易之后就迫不及待地投入全部的本金开始进入正式的投资阶段，很有可能在将来以更大的代价、更迂回的方式学会一些本来早就应该在试验时就得到的经验。当然，试验并不解决所有问题，试验阶段的时间尽量放长一些，投资是长期的事业，并不需要急于投入。半年到一年的试验阶段应该可以让新手对于股市有一定的感悟，具体何时结束试验阶段取决于投资者对于试验阶段的结果是否满意，这里的结果并非盈亏的情况，而是对于想要试验的投资方式是否有了一个结论。

试验阶段，投资者可以测试所有想测试的投资策略，所有内心认为有希望，或者想尝试的方式都应该一早就先试验一遍。无论是技术、趋势、其他指标或是叠加的策略，凡是可能在较短的时间取得成绩的方式，都应该在试验阶段拿出来尝试一下。

为什么强调是短时间可以出成绩的方式呢？第一，试验是需要有结论的，对于需要长时间试验才能有结果的不适合在试验阶段进行。第二，只有尝试了自己认同的短期交易的投资方式之后，投资者才能平心静气地接受一些更加需要耐心的投资方式。

我从一开始就预设短期交易的投资方式是错误的，这个是基于我个人对于投资的认知得出的，这个认知也有诸多限定条件。对于新手投资者来说，我认为并不存在适合的、胜率高的、看线为主的、操作性强的短线策略。阅读本书的投资者完全可以跟我得出完全不同的结论，但这些都不妨碍这个试验阶段的运行。经过了试验阶段，投资者在日后逐步建立自己的投资体系就不容易动摇，因为脑海中原本有的一些念头可能早就验证过了。同样的，如果在投资历程中，再遇到足够诱惑自己的投资策略或者理念，也可以用这样的试验方式给得出相应的结论。

试验的结论有时候是给策略定一个优劣，有时候也是给自己一个证明策略是否适合自己的依据。投资者自身的认知、性格、心态可能会影响自己的投资方式，最终我们的目的是寻找一个胜率高的适合自己的投资体系。对于新手来说，从零开始建立投资体系，一开始就走在正确的道路上的可能性近乎零，花一些时间理清思路也看清歧路可能是更加实际并且踏实的方式。

5.2 积累正反馈

过了最初的试验阶段，也对一些投资方式有了切身的认知，对股市的起伏也开始脱敏，这个时候投资者可能才会回过头来想起投资的本质，从企业本身出发，而不再为市场情绪所左右。但乍一转变，也从未有过研究、买入、持有然后获得丰厚回报的经历，新手投资者的内心一定还是有些发怵、有些犹疑的。毕竟投资方式并不能完全决定收益情况，即使同沃伦·巴菲特等投资大师使用相同的投资方式，也不一定就能盈利。相反，可能由于投资经验的缺乏，还是会遭遇亏损；抑或由于自身的不自信、不坚定，在尚未取得盈利或者尚未取得大幅盈利的情况下就早早卖出，错失了一些机会。

可以这么说，投资历程中，通过自身的投研能力选中合适的股票，然后保持良好的心态持有并获利，这样一个正反馈的投资过程，对于每一个投资者来说都是非常重要的。正反馈的投资经历会帮助投资者奠定自己投资体系的基础，也会增强自己的投资信心。就像一个连续创业者一样，如果之前已经有过成功的创业经历，那么对之后的创业也会更有把握，这是从仅有理论到实践验证理论的质变。

这里并不是说没有这样盈利的经历就无法做好投资，只是强调正反馈的投资经历对于投资的重大作用。想象一下，一个投资者曾经因为投资宁德时代、万华化学之类的长线牛股取得几倍乃至几十倍的回报，那么之后的投资生涯中，他就会更有动力去尝试寻找这样的投资目标，而不会轻易去选择一些看似诱人实则没有多少可取之处的股票。

胜利者的心态

没盈利过就很难盈利，要想大幅盈利最好先有盈利的经历。对于新手投资者来说，如何早点踏上“盈利—盈利”的正向循环呢？这里可以动用一下想象力，翻开 A 股的历史，从市场上去寻找一些增长了很多倍的股票，想象一下，假如自己的股票组合中有一些就是这样的股票，那么组合的年化收益率是不是早就能够达到甚至远超自己的预期了。这样的话，就不必过分在乎几个点的涨幅，或者短期有百分之几十涨幅的短线牛股了。因为同那些自己“想象中”的成功投资案例相比，这些不但虚无缥缈难以捕捉并且收益也不值一提。把自己的精力集中在寻找那些有可能增长几倍、几十倍的好股票上才是真的利用好自己的资金和时间的合理投资方式，用把自己当作已经赚过大钱的成功投资者的心态去思考、去投资，可以帮助新手投资者快速摆脱“未有成功投资经历难有成功投资经历”的困局。

梦之队组合

那些增长几倍、几十倍的长线牛股并不是那么容易找到的，而收益的验证又需要相当长的一段时间，如果选择孤注一掷，那么几年后要么股价如预期般翻了几倍，要么发现根本就是错付了真心。普通投资者又能有多少个几年呢？对于普通投资者来说，合理的做法应该是把资金分散在几只或者十几只股票中，在某一时间段同时验证多只自己看好的股票，不至于风险过于集中，这个由多只股票组成的组合中诞生大幅盈利的正反馈案例的概率也会提高。

有些投资者会在建立组合时选择一些“中庸”的策略，组合中的部分股票是自己看好的有可能增长十倍的牛股，而另一些则是看似更加稳妥但缺乏大幅增长潜力的股票，比如一些股息率较高的银行股等。这样的做法在我看来是十分不明智的，分散投资是为了降低集中投注的风险，也是为了能有更多验证挖掘十倍股的机会，将其中一些资金投入自己认为潜力不大的股票上很可能不但不能取得设想的效果，反而是在破坏自己的投资体系。如果你要建立一支梦之队，你当然希望队伍里都是明星球员，而不是一两个明星球员带几个普通球员。这个股票组合就是你的梦之队，所以尽量争取每一只股票都是潜力巨大的好股票。

就像传奇基金经理彼得·林奇的投资经历。他曾买入了12只股票，有4只亏损，最多的亏损了将近40%。另外有7只股票能够赚钱，但三年盈利总计不过是30%，而当时的标普500收益却高达40%。所以单看这11只股票其实是跑输市场的。但这11只股票之外还有1只，它涨了十倍，一下子就让投资收益变成了110%，远远跑赢了市场，所以你甚至不必去追求每只股票都赚钱，只需要找到那些看起来有可能涨十倍的股票，然后把它们放在一起，10只股票里抓到1只你就赢了，这样其实盈利难度就大幅下降了。

经验重于盈利

其实组合刚开始一段时间的总体盈亏并不重要，即使是非常伟大的投资者，也并不是一开始就保持着非常惊人的收益率。在最开始投资的几年时间里，获取足够多、足够有质量的正反馈案例比组合本身盈利要更重要。通过积累正反馈案例，投资者可以通过复盘这些案例的投资过程，及时完善或者修正自己的投资策略，这个对于提高长期的投资胜率有着重大的意义。而组合中选中十倍股的胜率哪怕只提升一点点，对于提升组合总体的收益情况也是影响巨大的。投资初期经验的积累、理论体系的打磨会让股票组合的收益情况一步步前进。所以，与其在意初期的组合盈亏，不如在意初期积累的经验。如果捕鱼方法已经大成，何愁今后的收成呢？

长期的投资过程中，投资者肯定也会遇到一些做出了错误的决策却取得了不错收益的情况。这样的反常案例，对指导投资者建立自己的投资体系没有太多帮助，因为这种案例基本上不能复制，复盘出来的投资过程又有这样那样的缺陷。对于新手投资者来说，寻找正反馈案例中投资过程的共性是建立自己的投资体系的关键。稳定的、可以复制的投资策略，与策略相匹配的持股心态，投资过程中的一些基础性原则，比如适当分散等，这些就是新手投资者建立投资体系的核心要素。

那么组合里的一些失败案例呢？通常几年的时间之后，当初买入的股票总归会有一些被证明是看错了的投资选择，这些失败的投资案例对投资者也是有一定帮助的。失败的原因可能在于，择股时对于行业前景的错判、对某些关键信息的解读不当、对企业财务状况过于乐观，或者持股跟踪时疏忽了某些转折点等，这些原因可能对修正投资者的投资策略有一定作用。但失败的案例总是各有各的情形，几乎很少重复，而且原因数不胜数，你可能很难通过积累足够多的失败案例来保证下一次投资中不再犯错。

⇧⬇ 正反馈案例的表现

即使是长线牛股，股价的表现也可能同公司的经营状况不同步。有的公司的经营业绩每年都在稳步增长，股价可能也会相对平稳地增长，不过股价的增长常常是晚于公司经营业绩增长的。在公司快速增长的头几年，股价的表现有可能不如公司经营业绩的增长；在公司继续增长的年份，又可能由于增加共识的形成，股价的增长远超公司业绩的增长。也有的公司，竞争力逐年增强，但由于公司战略的原因，公司整体情况的向好并不能稳定地通过财务数据展现出来，这个时候股价就可能会有非常多的可能走势了，但最终的战略成果会体现在经营业绩上，股价可能在业绩体现出来之前或者之后得到对应的提升，从长期来看，股价可能是多年的上上下下之后迎来迅猛的增长。这样的案例相对较少，比亚迪的新能源转型就是典型的案例。

所以对于十倍股来说，短期的股价基本说明不了任何问题，只有足够长的时间才能通过股价看出股票的选择正确与否。如果你持续跟踪持有的个股，通过企业的经营情况，可能可以更早地判断出来选择正确与否。当公司的经营情况如预期般好时，那么就可以不用管股价的表现只需耐心持有即可；当公司的经营情况明显恶化时，那么无论股价如何，都需要考虑是否继续持有。

实际上，正反馈案例的表现指的是企业经营状况的表现，只是长期来看，企业经营上的表现最终会体现在股价上。

5.3 做自己的对手

一些新手投资者，对价值投资的理念吸收得非常好，也执行得很彻底，买入、持有之后完全不看股票软件。但是这里有个问题是，这类新手投资者不仅不看股价走势，连持有的股票的相关公告、新闻都几乎不怎么关注，更不用提上市公司所在行业的发展和变化了。

这样的投资者从投资的价值观上来说确实属于价值投资者的范畴，因为他们考虑的收获的盈利主要来自公司的业绩增长，而不是短期股票价格的波动。这个从他们不关注短期股价的行为就可以看出来。期待公司业绩增长来实现长期的股价上涨，可以说是贯彻了“买股票就是买公司”的理念。但这类新手投资者容易犯眼高手低的错误，他们在总体的投资理念、认知上能够认同一些投资大家的理论和见解，并且也很好地将这些理念融汇到自己的投资观中，但到了具体的投资事务时却表现得非常懒惰，不管是买入前的投研还是买入后的跟踪都敷衍了事，这样的投资操作后却又可以凭借长期持有的投资理念真的做到“长期持有”。可想而知，仅有理念没有实践的情况下投资成绩会是什么样的情况。

一般这类投资者买入前倒还不至于一点儿功课都不做，即使买入的股票可能来自股评人的推荐，或者其他的信息接收渠道，对于所要买入的公司当前的市场地位和竞争优势多多少少还是会通过自己的阅读面来做一定程度的验证的。公司的未来前景、战略以及关于公司产品方向的分析和研究报告是投资者关注的重点，毕竟股票买的都是关于未来的预期，即使是再粗放的长线投资策略，这方面的精力也不会省。问题主要在于买入后持有的阶段，许多新手投资者在尝试长线投资的时候容易犯的一个毛病就在于，对于跟踪公司需要做什么没有头绪，不知道要观察些什么，跟踪些什么，需要注意哪些变化（无论是定量的还是定性的）。似乎持有的阶段需要做的事情很多，又似乎什么事都可以不做，很多新手这个时候就真的实践了沃伦·巴菲特所说的市场上比买入或卖出更难的事是什么都不做。问题是沃伦·巴菲特的所谓什么都不做是有前提的，就是当前时段最正确的事情就是什么都不做。至于如何知道这个阶段（持有股票）什么都不做是最正确的事，肯定不可能仅仅依靠长期投资的信念，决定性的因素来自对公司信息的掌握和分析。

如何判断自己对于持有的公司有足够的了解或者认知呢？我这里有一个简单的方法就是“做自己的对手”。投资者在买入或者持有股票的期间不可避免会有一些基于立场的主观看法，也更容易忽视一些负面信息或者可能需要警惕的信号。这个时候，广泛阅读所有看空的内容，从投资对手的角度来二次认识自己想要买入或者已经持有股票的公司，无论对这些观点认同与否，都不要代入立场地去阅读。看看不利的信息自己是否都了解，基于这些信息的推断是否合情合理。这个世界上不存在完美的公司，如果在了解了所有正面和负面的信息以后，你还认为这只股票具有非常大的投资价值，那么就可以愉快地“什么都不做”了。

十个观察点

对于新手投资者，如果在持有阶段没有什么观察重点，这里有十个针对公司的观察点可供参考，同样地，对于这十个观察点也尽量从自身和对手的角度来进行全面的跟踪。

（1）公司管理层对于业绩情况的说明，符合预期时是怎么描述的，不符合预期时又是如何解释的？

对于一家公司来说，管理层的作风会极大地影响公司的经营情况，企业的经营情况以财务数据的形式展现在公众面前，但内部的实际情况可能与财务数据差距巨大。而管理层对于业绩的解读可以看作管理层对公司情况和形势的认知。有些上市公司的管理层脱离一线久矣，公司内的信息渠道闭塞，言路不开，管理层自身的作风又比较强势，这类型的公司在管理层年富力强、判断敏锐的时候可能会快速发展，但在管理层进入倦怠或者自我满足的阶段后，非常容易逐步被竞争对手抛在身后。有一些管理层喜欢报喜不报忧，对于公司经营业绩不善的情况总喜欢归咎于外因，而甚少从公司内部来寻找原因，看不到原因自然也无从谈起改变。

（2）管理层的战略布局及其逐步兑现情况。

公司的增长预期是依赖于公司管理层的战略布局和这些战略的落地情况的。随着时间的推移，管理层“画过的饼”最终会有揭开炉子的一天。公司的战略是否符合行业的发展趋势以及公司自身的经营阶段，战略的执行情况如何，这些都会是公司管理层能力和眼光的体现。在制定的战略不正确时，多长时间管理层可以意识到问题，又花了多久将公司重新带回正轨，这些特殊形势下的应对能力更加能够体现管理层的水平，毕竟从长期来看，几乎所有的公司都不可避免会遇到一定的困难和挑战。

（3）公司对于提升竞争力或者巩固竞争优势做出的努力。

评判一家公司优秀与否，首先看的是公司是否有特殊的竞争优势，这个优势可以是差异化足够明显的公司特点或者是足够高的门槛。不管是已经有特殊竞争优势的公司，还是稍稍拉开身位的公司，是否有动力持续提升竞争力是公司业绩长期增长的核心保障。持有阶段，重点需要观察的就是公司在这个方面的持续投入程度与公司对于自身竞争优势的认识。

（4）公司的团队稳定程度，有没有股权激励，人员流动情况如何?

长期持续增长的公司业绩需要一个长期相对稳定，并持续有新鲜血液的团队。从人员流动情况可以看出公司的待遇和企业文化是否能够吸引并留住足够多的人才，过高的流动性一般是公司走下坡路的开始。相对于一般员工，公司中高层管理团队的稳定性就更加重要了，基本决定了公司的经营策略和战略部署能否顺利地执行下去。如果公司有合适的股权激励计划，对于调动企业员工的积极性有很好的作用，同时也能体现出公司决策层的信心和气量，愿意让员工分享企业成长的红利的公司更有可能实现更长远的发展。

（5）是否重视研发，研发的方向对不对，有没有能转化的成果？

除了极个别的公司外，大多数公司的长期增长是依靠创新的。公司是不是重视创新可以从研发费用占营业收入的比例、研发费用与同行竞争对手的绝对数字比较来进行初步判断。但最终落于实处的，还是公司的研发是否可以提升公司产品或者服务的竞争力，这个涉及公司的研发方向是不是正确，将资源过多地投入不切实际或者应用领域险隘的研发中对公司的发展可以说几乎没有一点好处。评判公司研发产出的一个重要指标就是公司在核心竞争领域的专利数量和质量。

（6）公司对于自身短板的态度。

有长期增长潜力的公司通常都具备自我迭代的能

力，即会在成长过程中逐步地完善自己的组织架构、填补公司的空白部分、快速消除可能制约公司发展的弊端。公司的成长过程既有公司内部的变化，也有公司所出售的产品或者服务展现出来的变化。对普通投资者来说，后者是公司对于自身短板的态度的最佳观察物。比如，有的公司的产品具有突破性的创新，但实际使用时却有一些工艺上的缺陷，销售额非常可观，但售后诟病较多，产品美誉度不足。那么观察公司对客户的持续售后服务的情况、改款改进的情况，可以看到公司对于产品销售利润和售后成本的取舍，从而看出公司对于长期利益的重视程度，对于公司长远发展的野心和渴望程度。

（7）公司对于竞争对手的关注程度，对同行的学习模仿能力。

在企业的经营过程中，即使身处领先的优势地位，也可能被后续冒出的新秀企业在短短几年内取代。持续关注竞争对手的情况可以帮助企业及时应对潜在的危机，甚至看到额外的机会。比如近些年集成灶产品的高歌猛进对于传统的抽油烟机、燃气灶等厨电企业是一个很大的冲击，加上房地产行业的疲软，本来可能会是厨电行业洗牌的年份。但行业内的头部企业，例如方太，却在危机中找到了新的增长点，从集成灶与抽油烟机、燃气灶的相互替代关系来看，继续无视集成灶的发展势必会丢掉方太自身的传统抽油烟机、燃气灶的业务，但转而开发集成灶又无疑是自毁长城，自己的产品相互竞争不说，还丢掉了传统的技术与品牌壁垒。在这个时候，方太看到了厨房电器集成度上升的机会，趁着集成灶企业品牌还处于中低端市场竞争的时节，推出了针对高端市场的集成烹饪中心，不仅有模仿集成灶的更低、更轻薄的可展开式的侧吸抽油烟机，也适时地推出了抽油烟机、燃气灶与蒸烤箱、消毒柜等其他电器的一体式产品。可以说在这一波集成灶的产品创新下，方太很好地模仿和创新出了能加强自身竞争力的产品，另外凭借这波厨房电器集成度提高带来的红利趁机提高了销售额，吃掉了一些其他使用频率低的厨房电器的份额。

（8）公司股东的其他债务情况。

除了上市公司的经营情况，投资者还需要关注企业股东的其他债务情况。在某些情况下，公司的控股股东的财务状况可能会反过来影响上市公司的经营，特别是当上市公司只是控股股东集团下的一部分业务组成的公司，又或者上市公司与股东的其他公司的日常经营有着非常密切的关系时。这种情况下，可能会出现城门失火殃及池鱼的情况。所以对于股东的其他资产负债情况也需要一定程度的关注，比较常见的就是股东对于上市公司股票的质押情况，根据这一情况可以初步判断股东对资金的渴望情况。

（9）上市公司的信息透明度。

投资股票就是在投资公司，公司如果什么信息都不太愿意分享，那么投资者就无法准确判断公司状况。除了证券交易所规定的披露事项外，公司对于经营情况、发展战略等信息的公开也是投资者需要考量的部分。从股市历史可以得出，一家公司的信息披露越来越不透明的时候，多数是这家公司经营恶化的时候。

（10）公司对于中小股东利益的态度。

一家上市公司是否尊重中小股东的利益一定程度上决定了它是否具备投资价值。如果大股东时常利用股权优势损害中小股东的权益，那么即使这家公司发展得再迅猛，可能普通投资者也难以从中获取多少利益。公司对重大资产重组收购并购、定向增发、债券发行等事项的处理情况，可以体现上市公司对中小股东利益的态度。

在建立投资体系的过程中，除了确定自己的投资观，还需要辅以足够的投资实践。要避免变成“思想上的巨人，行动上的矮子”，就需要在股票投资中重视对上市公司的投研和跟踪。

5.4 画出投资的边界

股票投资的方法繁多，股市里能够获取盈利的投资机会更是数不清。在浩瀚如海的投资领域里，搞清楚什么能做，什么不能做，是投资者必须经历的一个长期的思考过程。条条框框的规则越来越清晰，对这些条条框框的理解也越来越明确的过程，就是投资者的投资体系和投资观逐步成形的过程。随着投资案例的不断积累、经验的逐渐丰富，投资者的投资边界也会越来越清晰。

就好像在一块空白的画布上作画，刚开始只是寥寥几笔勾勒出一个模糊的形状，然后随着对自己和对投资的认知的加深，这个形状的边界会慢慢清晰明确。这个作画的过程，并不只是一味地用清晰的线条替换原本模糊的界线，形状本身也会改变，可能会因对投资方式的选择而将形状画得比一开始还要小许多，也可能会因自身投资能力的上升，将原本已经相对清晰的形状扩大一些。

何为边界？何为规则？它们是什么样的？它们是怎么制定出来的？如何去践行这些规则呢？这些都不是那么容易描述的，还是看具体的例子更容易理解这些概念或者问题。下面讲的是我投资时的一些规则，仅供参考，并不代表你需要这么去做，每个投资者都应该有属于自己的投资形状。

赚公司成长的钱，长期持股

要明确自己盈利的来源，赚取的收益来自哪里：是估值水平的提升，消息面的博弈，市场供需的变化，还是公司的成长。我偏向于成长股的投资，成长股的投资赚取的是公司业绩长期增长以后带来的市值提升，这部分的提升无关公司的估值水平。理论上，在相对一致的估值标准下，公司股价的提升与公司业绩的增长成正比，但股市比理论要复杂得多，公司的市值在任何阶段都是多种因素叠加后的结果，与公司的经营业绩并不是简单的线性关系。所以投资成长股也同样要考虑买入时公司的市值是否合理。比如，在买入某些具有高增长潜力的公司股票时，公司所受的关注度较高，有更多的资金追捧，往往市值会超过公司的实际内在价值许多，而在公司真的实现了多年增长以后，如若公司的股票依然受到热捧，那么投资者仍旧可以因这些年公司业绩增长带来的股价攀升而获得收益；但若是此时市场上对公司的关注不再，公司的估值水平可能会大大下降，很可能公司经营业绩增长对股票带来的正面影响会很大程度上被估值水平的下降而削弱，甚至可能还敌不过估值下降带来的影响，导致最终的收益情况不理想甚至亏损。

总结来说就是，成长股投资，不仅要考虑公司的成长性，还要买得够便宜，期望的是长期持股以后，即使在同样（估值）便宜的情况下，赚取到因业绩提升而带来的股价提升的利益。当然，如果长期持股以后，估值也从较低到合理或者有溢价的水平，这就是投资过程中的意外之喜了。反过来，如果买的时候有溢价，那么就可能承受前面说的多年以后公司估值水平从有溢价到合理甚至过低的代价。当然估值便宜与否，见仁见智，具体还是要看当前的股价能否充分反映未来多年的潜力。

分散持仓，高度集中

我惧怕自己犯下短时间难以发现的错误，也同样担心难以预知的“黑天鹅”事件，所以为了在一定程度上降低投资时的风险，我会选择分散投资，将资金分布在几个相互之间毫无关联的股票上。但也同时深知自己的投研能力有限，所以在自己的能力圈范围内挑选数量有限的几只股票来组成我的投资组合。大部分时候组合内的股票数量不超过 8 只，有时候甚至不到 5 只，相对于一般投资者来说已经算是高度集中的持仓了。有限的投研能力和精力决定了持仓的集中特性，同时也会让挑选投资标的时更加挑剔，只有在充分了解并且特别看好一只股票时才会考虑买入。在这样的股票组合中，只要其中的一只或者多只股票是彼得·林奇所说的十倍股，即使剩下的股票收益再差，组合整体的收益情况也一样会非常理想。

在处于上升期的行业里找投资目标

成长股往往来自处在上升期的行业。上市公司是行业内的佼佼者，经营得当的话，往往公司的成长速度要快过行业的平均成长水平。如果行业的市场空间是以每年 20% 的速度在增长，那么只要公司达到这个行业的成长速度，业绩的增长就已经很可观了。努力与天赋相比的话，后者更重要，处在一个上升期的行业内就相当于拥有天赋。经营管理水平、资质一般的公司在处于上升期的行业内取得的成绩能很轻松地超过其他一般行业内的优秀公司。找到处于上升期行业内的优秀公司，可以说就有很大可能抓住了一只潜在的十倍股。

不投所占市场份额太高的公司

在行业内占据非常大的市场份额的公司从各方面

经营数据看一般会非常优秀，但这类型公司的市场份额提升空间有限，公司的成长可能只能寄希望于行业总体的市场空间的增长，又或者是新开拓出其他市场的业务。同时，占据很大市场份额的公司本身体量就已经很大了，接近行业可以容纳的极限，这类型公司很大可能并不具备我所寻找的成长特性。

可能有人举反例说，“苹果公司在一个已经很大的体量上还保持着快速增长”。这里，体量的绝对数字大小并不是衡量的标准，很显然在个人消费电子设备行业，不仅有苹果公司，还有谷歌、华为、三星这样的巨头存在，可见苹果公司并没有到行业可以容纳的极限。并且，虽然苹果公司的盈利水平惊人，但仅从占据的手机市场份额来说，20% 左右的数字不算惊人，还有足够的上升空间。

⇧⬇ 公司具备无形的竞争优势

优秀的公司通常具有足够的竞争优势，或者说

“护城河”足够宽广，使其在激烈的竞争中保持一定的领先。但不同类型的竞争优势有高下之别，由业务规模、资金实力、用户基数带来的竞争优势，虽然同样会让同行难以企及，但并非不可复制甚至超越，从某种角度来说，这些有形的竞争优势都具有客观上的可模仿性。但是，有一些无形的竞争优势会在竞争中让公司持续受益的同时让对手难以超越，比较典型的无形竞争优势就是品牌效应。特定的品牌会有自己独特的品牌文化和受众，一个品牌的衰落通常来自自身难以维持自己的定位和独特性，而非外部的直接竞争。与品牌类似的，占据客户心智的其他一些无形优势，会让客户下意识地在某些情形下倾向于公司的产品或者服务，这些无形的竞争优势会比有形的竞争优势更具深远的影响，而让公司在成长时更具潜力、在危机时更有韧性。举个例子，比如蔚来汽车的服务美誉度让蔚来在初期赢得了头几批客户的心，从而获得了不少老客户带来的新的客户，渡过了2019年蔚来最困难的时期，发展至2022年，在纯电汽车的客户购车群体内形成了“业界最佳服务”的口碑。虽然蔚来在其他方面还有很多不足的部分，但这样的无形竞争优势是非常难得的，足以让公司在其他短板明显的情形下尚且有一争之力。如果换作一家经营方面更加优秀的公司，在其他方面没有明显短板的同时具备类似的无形竞争优势，那么公司的发展一定会非常顺利。

投在主业稳定、拓展业务顺利时

属于成长股类别的公司并不是在公司创立之初或者说上市之初就具备了足够的成长性，而是在发展到一定阶段以后建立起一定的竞争优势后渐入佳境的，这个时期公司的业务拓展更加顺利，研发转入成果再反哺研发的闭环运转流畅，竞争优势进一步加强。如何寻找到处在合适发展阶段的成长型公司是一个难度较大的问题。

我个人比较喜欢投资这一类型的成长股：在行业内的细分领域已经奠定了一定的基础，在细分领域的外延利用已有的优势顺利切入新市场并且获得了一定收入的公司。这种类型的公司通常在自己的主业已经深耕多年，有了足够的积累，并且会在主业尚在缓步增长的同时踏入新的领域，新领域的成功拓展会变成公司增长的另一个助推器，帮助公司整体经营业绩进一步提升。

偏好面向中高端市场的公司

从高入低易，从低入高难。公司的产品或者服务如果从中高端市场往低端市场做拓展，那么主要从成本和渠道的方面着手即可；反过来则面临诸多困难，很多时候主攻低端市场的公司很难完成这样的跃迁。面向中高端市场的公司，一般会在技术、品牌、产品等多个维度处于行业领先水平，一般这种类型的公司具备毛利率更高的特点，在市场规模相差不是很大的情况下，往往更容易出现“强者更强”的马太效应，即毛利率高，可投入设计、研发、服务的资金更宽裕，产品更加出色，销售更加容易，处在市场中高端的地位更加稳固，形成良性循环。这类型的公司更具有竞争优势，在市场规模差距不大的情况下，选择针对中高端市场的成长型公司往往获益更丰。

⇧⬇ 公司管理层愿意公开交流、稳重实际

投资成长股，需要知道公司清晰的发展战略和路线，而有愿意与投资者公开交流的管理层是投资者获取这些信息的重要前提。从公司财报、业绩说明会、投资者调研会议、电话会议、逐月或者逐季度的经营快报等的内容和发布的时间上可以看出公司是否具有与二级市场的投资者交流的意愿。愿意公开交流的管理层，会把公司的战略制定及落地实施情况展现在投资者面前，让投资者更容易跟踪公司的经营情况。也可以反映出管理层对于公司经营、治理的信心。

愿意公开交流只是第一步，从交流的内容可以看出公司管理层的品质，我更偏向于发声更加实际、不

过多谈论梦想的管理层。公司的经营最终需要落到一步步的细节上，当已经有了清晰的发展战略时，能够相对客观地认清公司现状和亟待解决的问题的管理层更加值得信赖。

财务指标首重现金流

许多投资者在挑选成长股时会特别看重营业收入的增长，认为先有收入的增长，其他的指标可以通过其他手段再行优化，比如规模效应会带来毛利率的上升，提高管理质量会带来费用的下降。他们通常也会认为快速增长的企业，费用的增长会比收入的增长来得更早一些，所以会对一些指标更加宽容。这些都没有错，但对我个人来说，我首先看重的是现金流。现金流的增长才是公司高质量地增长的保证，也是公司开始自造血的关键。另外，在某些困难时期，充足的现金流可能会帮助公司比其他公司更先摆脱出来，甚至借此一举拉开差距。

其他的路

在投资的领域有太多可以选择的道路，每个投资者都应该在投资的过程中形成自己的投资观，从而慢慢建立起自己的投资体系。道路无所谓对错，适合自己、能够长期获取盈利的投资体系都是合理的。

结束语

写这本书的时候我一直在提醒自己不要有太多的说教，聪明的投资者都是自己悟出来的，再多的文字也不及一次跌宕起伏的投资经历来得有效。

“纸上得来终觉浅”，我建议所有投资经验尚浅、但对各种投资方式还存有好奇之心的朋友，可以用少量资金、在一段相对长的时间里去体验一下股票投资。真金白银地用钱去投票，用一段时间去感受，好好复盘自己的投资交易行为。把体验的过程当成对投资课的实践，最终你可能会同时收获到知识和盈利。当然，如果这一小笔资金亏掉了也不必觉得沮丧，可能这在未来会为你避开更大的风险，或者帮助你建立起合理的投资体系。

我也还在慢慢地学习，期望自己能跟得上时代的脚步，做一个终身学习的投资者。共勉。

免责声明

本书所涉及的内容基于作者个人的认知和从互联网上收集的信息，但不保证信息的准确性或完整性。市场有风险，投资需谨慎。在任何情况下，本书的内容或所表述的意见并不构成对任何人的投资建议。在任何情况下，作者个人不对任何人因使用本书的任何内容所导致的任何损失负任何责任。